EDAF

MADRID - MÉXICO - BUENOS AIRES

ANA MARÍA LAJUSTICIA BERGASA

VENCER
LA OSTEOPOROSIS

El colágeno, clave de
la descalcificación y la artrosis

———— ◆ ————

«PLUS VITAE»

© 2000. Ana María Lajusticia Bergasa.
© 2000 Editorial EDAF, S. A. Jorge Juan, 30. 28001 Madrid.

Dirección en Internet: http://www.arrakis.es/~edaf
Correo electrónico: edaf@edaf.net

Edaf y Morales, S. A.
Oriente, 180, nº 279. Colonia Moctezuma, 2da. Sec.
C. P. 15530. México, D. F.
Dirección en Internet: http://www.edaf-y-morales.com.mx
Correo electrónico: edaf@edaf-y-morales.com.mx

Edaf y Albatros, S. A.
San Martín, 969, 3.º, Oficina 5.
1004 - Buenos Aires, Argentina
Correo electrónico: edafal3@interar.com.ar

3.ª edición, mayo 2000

Depósito legal: M. 21.805-2000
ISBN: 84-414-0700-2

IMPRESO EN ESPAÑA   PRINTED IN SPAIN
        IBÉRICA GRAFIC, S. L. - FUENLABRADA (MADRID)

Índice

———— ◆ ————

Introducción

———— ◆ ————

UNO DE LOS PROBLEMAS de salud más extendidos en la sociedad actual es la osteoporosis, que es la causa de muchas fracturas. Sin embargo, el porqué se rompen los huesos es algo que no suele explicarse bien, sino precisamente muy mal y de forma enrevesada. Es corriente que muchas personas me comenten que su médico les ha dicho que tienen descalcificación y que, por ello, van a padecer fracturas con facilidad, y lo que ocurre precisamente es que los huesos son frágiles porque son duros y son duros porque están formados por un tejido calcificado.

De hecho, la frecuencia con que ocurren las roturas de partes del esqueleto se debe a que existen muchas personas que no reponen el COLÁGENO, que constituye la parte orgánica del hueso y tiene la cualidad de ser flexible y recobrar su forma primitiva cuando cede la presión que soporta, siendo el componente del hueso que permite su deformación e impide su rotura.

Precisamente, el fallo en la reposición del colágeno es la causa por la que las personas afectadas se quejan de dolores, ya que tampoco reparan los cartílagos y los tendones que están formados de la misma proteína; el fallo en la neoformación de los colágenos de los cartílagos conduce a su «desgaste», es decir, a la artrosis, y al disminuir la interlínea, es decir, la separación entre los huesos, se producen pinzamientos que son la causa del dolor.

Y a la vez, tampoco se recomponen los tendones, que se vuelven débiles, y por ello se dan tantas roturas de ligamentos, y, sin llegar a ellos, tantas torceduras de tobillos y aumento de las escoliosis, de las deformaciones en las rodillas y problemas de tendones.

Ahora bien, como el soporte del fosfato cálcico en el hueso es el colágeno, si una persona no repone el mismo en la medida en que esta parte orgánica se destruye, las sales cálcicas no tienen dónde fijarse, y el hueso, a la vez que se desvitaliza, se descalcifica; pero hay que tener siempre presente que es el fallo en la formación de la matriz orgánica lo que vuelve el hueso seco, rígido y frágil. El colágeno, sin embargo, le permite ser deformable y flexible.

No debemos olvidar que la calcificación total del esqueleto no se produce hasta pasados los veinte años, y en los jóvenes, y menos en los niños, los huesos no se rompen con facilidad; hay un dicho muy extendido que viene a decir que «es que los niños son de goma»; y es cierto, sus huesos son colágeno que no está totalmente calcificado y por ello son flexibles, y ante los golpes ceden y no se rompen.

Todo lo contrario es lo que les sucede a esas personas con huesos calcificados, pero faltos de su parte orgánica y que parecen piedra pómez.

Cuando se cuecen rodillas de vaca, o pies de cerdo, la gelatina que se obtiene es la proteína que formaba el hueso y constituía el soporte de las sales cálcicas. No debemos olvidar que los fosfatos cálcicos por sí mismos no constituyen el esqueleto, solo son las sales que le dan rigidez y dureza, pero el hueso es algo más, es una proteína, una sustancia orgánica que tiene la cualidad de poder fijar y retener esas sales y que al endurecerse forma el soporte del individuo, es decir, el esqueleto.

Esta descalcificación por falta de lo que podemos considerar la «parte viva» del hueso alcanza constantemente a mayor número de personas, cada vez más jóvenes y de ambos sexos, aunque se afirma corrientemente que las más expuestas a padecerla son las mujeres cuando llegan a la menopausia; y es lógico que ocurra así, porque son las mujeres las que soportan el desgaste de los embarazos, las lactancias y, además, es la parte de la población más influenciada actualmente por esa «necesidad» de estar delgadas, lo que conlleva en la mayoría de las mismas a seguir unas dietas con carencias notables que no solo conducen al deterioro del esqueleto, que comporta siempre desgaste de cartílagos, osteoporosis y debilidad de los tendones, sino a problemas de agotamiento mental y físico.

Tampoco es correcto recomendar tomar calcio por sufrir deficiencias de calcificación en los huesos.

Si un adulto toma leche, yogures, quesos, almendras, soja o leche de soja y legumbres, normalmente no tiene deficiencia de calcio, y así se observa en los análisis. De hecho, cuando se dan suplementos de este mineral sin necesidad, se calcifican los vasos, riñones, pulmones, y de esta forma ya en las radiografías simples podemos ver aortas, pulmones y riñones calcificados junto a unos huesos con déficit de sales cálcicas, y es precisamente este hecho —el que los huesos no fijen el calcio— el causante del endurecimiento de las arterias y pulmones y la formación de cristales y depósitos de uratos, fosfatos y oxalatos en los riñones.

Por todo ello, vamos a estudiar cuáles son los factores que influyen en la fijación del calcio en el esqueleto, cómo actúan determinadas hormonas y vitaminas y cuáles son los nutrientes indispensables para la formación del hueso, teniendo muy en cuenta el soporte de las sales cálcicas en el mismo.

El hueso

———— ◆ ————

SEGÚN la *Bioquímica* de Stryer: «El hueso consta de una fase orgánica que es casi enteramente de colágeno y una fase inorgánica que es de fosfato cálcico; específicamente, la estructura es como la del hidroxiapatito, que tiene la composición $Ca_{10}(PO_4)_6(OH)_2$. Se requiere el colágeno para la deposición de los cristales de fosfato cálcico que forman el hueso».

Ahora vamos a explicar qué es realmente el colágeno, la proteína-soporte del fosfato de calcio.

Hasta no hace mucho tiempo, la que denominábamos «parte viva» del hueso sabíamos que estaba formada por una proteína que llamábamos osteína; al conocer su composición química y estructura supimos que estaba constituida fundamentalmente por colágeno, que es una de las proteínas mejor conocidas desde el punto de vista químico.

Resumiendo brevemente, el colágeno es muy complejo, pues, en primer lugar, se forman unas cadenas peptídicas que se denominan procolágeno, que luego se unen de tres en tres, formando como unos cordones de tropocolágeno; estos tienen una longitud aproximada de 2.800 a 3.000 angstroms (1 Å mide 10^{-10} m, o como decíamos hace unos años, 1 Å = 10^{-8} cm).

Los hilos o cadenas de procolágeno tienen unas 1.100 aminoácidos cada uno y los cordones de tropocolágeno en consecuencia, unos 3.300; estos cordones, se empaquetan en el colágeno como los vagones de un tren, dejando entre ellos un espacio de 400 angstroms. Al lado de esta hilera de cordones se colocan otras iguales, pero desplazadas ¼ de longitud del tropocolágeno; este desplazamiento, es lo que origina el estriado que aparece en las microfotografías de barrido con microscopio electrónico.

Las fibras de tropocolágeno se asocian espontáneamente en el espacio extracelular presentando como hemos dicho en el párrafo anterior, unas estriaciones cruzadas cada 680 angstroms que están originadas por el desplazamiento de los cordones y las brechas en las fibras adyacentes del colágeno.

De hecho, los cristales iniciales de fosfato cálcico en el feto se encuentran a intervalos de unos 680 angstroms que es el período de las fibras del colágeno, lo que sugiere que las brechas entre los cordones de tropocolágeno de la fila, son los lugares de nucleación de la fase mineral del hueso.

Además del colágeno, los grupos fosfatos y el calcio, para la absorción y fijación de este elemento son necesarias la calcitonina y la vitamina D.

El hueso, es un tejido vivo y en consecuencia, está sometido a una constante destrucción y neoformación del mismo. En la resorción ósea, interviene la parthormona y en la formación y reconstrucción, la calcitonina y la vitamina D.

Entonces, ya tenemos por decirlo así, los protagonistas de la formación, destrucción y reconstrucción del hueso y vamos a considerarlos uno a uno, para encontrar cual es el fallo o los fallos de alimentación actual que están conduciendo a un problema del que hace unos años apenas se hablaba pues sólo afectaba a ancianos mal alimentados y a mujeres de religión islámica en las cuales se encontraba a edades relativamente tempranas ya que sus costumbres les obligan a ir totalmente cubiertas por lo que no pueden beneficiarse de la formación de vit. D en su piel por la acción de la luz solar, o bien a personas que por no ingerir lácteos o alimentos ricos en calcio tenían carencia de este mineral.

Seguidamente vamos a estudiar los nutrientes que intervienen en la formación del hueso.

Calcio

——— ◆ ———

ES EL ELEMENTO mineral que en mayor abundancia contiene el cuerpo humano; aproximadamente la cantidad total del mismo alcanza un kilo y cuarto, o sea, unos 1.250 gramos. El 99 por 100 de esta cantidad se encuentra en los huesos, principalmente en forma de fosfato cálcico, que es una sal prácticamente insoluble y, por esta causa, les proporciona la dureza y rigidez necesarias para el esqueleto, ya que este forma el soporte del cuerpo, y también cajas de protección para órganos esenciales en el organismo, como el cráneo, que contiene el cerebro; las vértebras, que protegen la médula, y las costillas, que procuran una caja para los pulmones y corazón.

El 1 por 100 restante, es decir, unos 12 gramos, interviene en el trabajo del sistema nervioso, en la coagulación de la sangre, en el funcionamiento del corazón, en la contracción muscular y en muchísimos procesos hormonales. Por ello debe tener una concentración prácticamente constante en el torrente sanguíneo y hay una cantidad intercambiable entre el esqueleto y la sangre. Cuando la cantidad de calcio sobrepasa los 9-11 miligramos por 100 centímetros cúbicos de suero, se deposita en los huesos, actuando entonces la hormona calcitonina, y cuando la concentración en sangre es inferior a la señalada, por acción de la parathormona se libera calcio óseo para que haya una regularidad en el aporte de este elemento al sistema nervioso, corazón, músculos, etcétera.

Diariamente hay una pérdida de calcio en la orina que se aproxima a los 250 miligramos en 24 horas, y aún mayor en las heces.

Por esta razón, se considera que la ingestión diaria debe ser de unos 800 a 1.000 miligramos diarios que tomando leche, yogur, quesos, cacao, almendras, avellanas, legumbres, huevos, moluscos o crustáceos, es decir, comiendo corrientemente, no suelen tenerse deficiencias de este elemento.

Incluso en países más pobres, y debido a que la soja es muy rica también en calcio, no suele haber déficit del mismo.

Fósforo

———— ◆ ————

L A CANTIDAD de este elemento en el cuerpo humano es de aproximadamente, tres cuartos de kilo. De esta cantidad, entre el 70-75 por 100 se encuentra en los huesos, es decir, unos 560 gramos, y el resto el organismo lo utiliza fundamentalmente en las mal llamadas moléculas de «alta energía», como el ATP, que en realidad son moléculas donadoras de energía química por hidrólisis. Entre estas, las más aprovechadas por los seres vivos son: el ATP, o adenosintrifosfato, que es la moneda universal donadora de energía libre en las reacciones de todos los seres vivientes; el GTP, o guanosintrifosfato que interviene junto con la anterior en la síntesis de proteínas, y el UDP, uridíndifosfato, que juega un papel importantísimo en el metabolismo hepático.

El fósforo o, mejor dicho, los grupos fosfato forman parte de los ácidos nucleicos como el ADN y ARNs (mensajero y de transferencia).

Por la cualidad de almacenar gran cantidad de energía química libre en los enlaces fosfato y pirofosfato, y de poder cederla en determinadas condiciones, los compuestos que contienen estos grupos intervienen en todos los procesos del metabolismo humano y también en aquellos en los que se necesita un aporte de energía para establecer y restablecer un potencial eléctrico, como es el caso de las neuronas en el sistema nervioso y de las fibras musculares en los procesos mecánicos del movimiento, y también en el sostenimiento del «potencial de accción» a lo largo de los nervios.

El llamado «transporte activo» de iones, la síntesis de proteínas y la formación de ácidos nucleicos requieren iones magnesio Mg^{++} como cofactores, hasta el punto de que la forma activa de estas moléculas es el complejo Mg^{++} ATP.

Estas consideraciones les permiten darse cuenta de la importancia que tiene el mantenimiento de una concentración correcta de fósforo en la sangre; por ello aproximadamente un 25 por 100 del fosfato que se encuentra en el esqueleto es intercambiable con el que hay en el suero; así, si la alimentación no provee del necesario para el correcto funcionamiento del metabolismo corporal, el esqueleto cede este elemento, empobreciéndose en el mismo los huesos. La disminución del fosfato óseo conlleva la de calcio, por lo que una dieta pobre en fósforo también conduce a la osteoporosis.

Es interesante conocer que la energía libre utilizada por estas moléculas la toman los seres vivos del entorno; los autótrofos o fotótrofos como las plantas verdes son capaces de captar la lumínica, transformándola en energía química, y luego almacenarla, transportarla y utilizarla.

Los animales la obtienen fundamentalmente
mediante la oxidación de los alimentos, es decir,
por combustiones (lentas evidentemente) de los
azúcares, grasas, y también los aminoácidos si faltan los alimentos citados en primer lugar, una vez
han perdido su nitrógeno en el hígado, en el caso
de los mamíferos y otros seres vivientes.

Dada la importancia del fósforo no solo como
complemento del calcio en la formación del hueso,
sino también en TODOS los procesos orgánicos
—mecánicos, eléctricos, fisicoquímicos, formación
de macromoléculas como proteínas y ácidos nucleicos, etcétera—, es necesario saber cuáles son
los alimentos que nos suministran este vital elemento.

Sepan también que el fósforo en forma de
LECITINA es constituyente esencial de las membranas celulares, y que ese es el alimento fosforado, capaz de ser asimilado en la digestión. Los fosfatos y la fitina se pierden en las heces en forma de
complejo o compuestos insolubles, principalmente
de hierro y calcio.

Resulta, por lo tanto, de fundamental interés el
conocer cuáles son los alimentos que nos suministran este alimento en mayor medida, y estos son:
los sesos, la yema de huevo, el hígado, riñones,
corazón, criadillas (es decir, las vísceras en general), y también las huevas de pescado, los moluscos, crustáceos, los quesos, la soja, las almendras,
las nueces, avellanas y otras semillas.

Pero, en la vida moderna, la dietética nos en-
seña que los sesos, yemas de huevo, vísceras, hue-

vas de pescado, moluscos, quesos grasos, etc., son muy ricos en colesterol, y también algunos de estos alimentos se desaconsejan si se tiene ácido úrico, triglicéridos, diabetes, obesidad, problemas hepáticos, trastornos circulatorios, etc., y, en consecuencia, podemos afirmar que hay muchísimas personas —millones en el mundo occidental— que han apartado o reducido notablemente en su alimentación estos alimentos, que son los más ricos en fósforo, y su dieta con esta subcarencia no los provee de las cantidades que diariamente pierden en las heces y la orina, y son aquellos que empiezan a explicar que se sienten «agotados física y mentalmente», que se vuelven «despistados», que no retienen lo que aprenden o que les cuesta fijar la atención, personas que te explican: «Yo tenía una memoria privilegiada, a mí me preguntaban en casa o en el trabajo las cosas que los demás tenían que apuntar, y ahora, en cambio, aunque escribo lo que he de hacer, me olvido de leerlo. En fin, no entiendo lo que me pasa y por qué me ha vuelto así».

En el fondo de estos procesos, generalmente, o hay un exceso de colesterol y triglicéridos que perjudican la circulación, o hay un déficit de fósforo que, con alguna otra subcarencia, conduce a este estado.

Como la actividad de las moléculas fosforadas ATP, GTP, UDP..., etc., está en función de las concentraciones de una catión divalente, y en el interior celular es el Mg^{++} el que existe con mucha diferencia en mayor medida, si falta este elemento, aun habiendo suficiente fósforo, los procesos metabólicos no se realizan en la medida o en el tiempo correctos.

La alimentación pobre en vísceras y huevos y escasa, por lo tanto, en fósforo está conduciendo a que muchísimas personas tengan que utilizar sus reservas óseas, sobre todo en los embarazos, la lactancia, las operaciones, en las dietas, en épocas de estrés..., y de ahí que la osteoporosis siga corrientemente a situaciones de mucho gasto de fosfatos y que no ha tenido una compensación con la ingesta de los alimentos ricos en este nutriente.

Debe observarse que los jóvenes cuando crecen —si no están condicionados por la obsesión que tienen ahora las personas de adelgazar— devoran chocolate y productos fabricados con cacao, avellanas, almendras, huevos y también les encantan los mariscos.

El problema con que nos estamos enfrentando en la actualidad, y cada vez en mayor medida, es que las muchachas no comen productos achocolatados, porque engordan, y, en general, están tomando menos alimentos ricos en lecitina que los necesarios para cubrir sus necesidades de crecimiento, formación del esqueleto y las provocadas por los estudios. Esa es una de las causas que explican el hecho de que cada vez nos encontremos con más personas jóvenes con problemas de huesos, de cartílagos, de tendones e incluso circulatorios.

Hace pocas semanas hablaba con una maestra de un colegio de una región mediterránea —en la que hay sol prácticamente a diario— y me decía que estaba asombrada y asustada de ver tantos niños (he dicho niños) con muletas y enyesados por causa de roturas de huesos y ligamentos.

Y no es solo atribuible a la falta de grupos fosfato el aumento tan extraordinario de procesos de descalcificación que se están produciendo en el mundo occidental; como veremos en otros capítulos, la disminución de la ingesta de vitamina D tiene también un papel preponderante en la generalización de este problema.

En cuanto al modo de remediar la disminución de la cantidad de fósforo de las dietas que la gente llama «limpias», queriendo significar que no toman grasas, vísceras ni embutidos, la solución es sencillísima: basta tomar diariamente una cucharadita de lecitina dos veces al día, y aún mucho mejor: un preparado que ya existe de lecitina con magnesio y vitamina C, ya que esta vitamina interviene también de manera decisiva en la formación del colágeno, que, no olvidemos, es el soporte de las moléculas de fosfato cálcico.

Tengamos siempre presente que el cuerpo humano necesita ingerir diariamente unos cincuenta nutrientes y en unas cantidades determinadas para que los procesos metabólicos funcionen correctamente. Que en una dieta se puede disminuir la ingesta de alimentos energéticos (hidratos de carbono y grasas), pero que las exigencias del organismo en minerales y vitaminas no se alteran y, en consecuencia, si es menor la cantidad de alimentos que tomamos y además apartamos de nuestra mesa los más ricos en fósforo y en magnesio —como es el chocolate—, al cabo de un tiem-

po habremos gastado las reservas de estos elementos en el esqueleto y, en consecuencia, los cartílagos y los huesos se resentirán.

Lo mismo puede decirse con relación a las vitaminas A y D. Si no ingerimos grasas de origen animal, nuestra dieta tendrá carencias, a menos que
seamos conscientes de la disminución de las vitaminas A y D, de las que estas grasas son el vehícu-
lo normal, que se pueden corregir como señalo a
continuación.

La vitamina A es muy fácil de obtener a partir
del ß-caroteno de las zanahorias, que pueden tomarse crudas, cocidas o en zumo; en este último
caso, no se debe abusar, pues hay personas que de
este modo toman un exceso que se traduce en trastornos del hígado; con medio vasito diario es suficiente, y si se completa con zumo de limón u otros
cítricos, además se toma vitamina C.

La vitamina D, que también es aportada con el
hígado y las grasas de origen animal, es un factor
indispensable en la absorción y fijación del calcio
por el hueso, y por esta importancia decisiva en la
formación y luego mantenimiento correctos del
buen estado del esqueleto le dedicamos un capítulo
aparte.

Vitamina D,
parathormona y calcitonina

———— ◆ ————

Vitamina D

ESTA SUSTANCIA es una vitamina que puede
ser suministrada por los alimentos, pero
también es una hormona, ya que se fabrica
en la piel por la acción de la radiación ultravioleta
de la luz solar o de una lámpara.

Su deficiencia produce raquitismo en los niños
y osteomalacia u osteoporosis en los adultos.
Interviene en la absorción y fijación del calcio en
los huesos. Antiguamente se creía que el raquitismo era debido a la niebla espesa, y en el fondo
tenían razón; en 1850 se empezó a tratar el problema a base de luz solar, y en 1872 también con
aceite de hígado de bacalao, y aunque en aquella
época no se sabía el por qué de la validez de estos
tratamientos, en 1917 se descubrió que el aceite
de hígado de bacalao contenía una sustancia necesaria para la fijación del calcio en los huesos, y en
1919 se comprobó la eficacia de los rayos ultravioletas en la corrección del raquitismo —radiación
que, por otra parte, es cancerígena.

Por fin, en 1936, se aisló por Windhans la sustancia activa en el organismo, la vitamina D_3.

Esta molécula se produce en la piel a partir del 7-dehidro-colesterol por la acción de la energía de los rayos ultravioletas de la luz solar.

Por otra parte la vitamina D se encuentra en las grasas de origen animal, tanto si son sólidas, como mantecas, sebos y nata, o líquidas, como en los aceites de pescados, y aún en mayor medida en los aceites de hígado de pescado.

Esta cualidad de la vitamina D de poder ser producida por el cuerpo humano nos permite clasificarla como hormona; pero si su formación no es suficiente, podemos adquirirla con determinados alimentos, lo que le da el carácter de ser una vitamina.

Como podemos deducir, el hecho de que la piel pueda producir esta sustancia venía a dar la razón a los médicos que trataban el raquitismo mediante la exposición de los niños a la luz solar; incluso había sanatorios con las ventanas de cuarzo, ya que este deja pasar la radiación ultravioleta, mientras que el vidrio ordinario no, porque la absorbe. También la circunstancia de que las grasas animales, bien sean sólidas o aceitosas, nos provean de la vitamina D, prueban la bondad del tratamiento del raquitismo mediante el aceite de hígado de bacalao que es el que la contiene en mayor medida.

La vitamina D tiene más de una acción, pues es necesaria, además de para la calcificación del hueso nuevo, para el mantenimiento de la concentración del calcio en el suero sanguíneo; el 1-25-dihidroxicalciferol, que es la forma activa de la vitamina, es un factor esencial también para la absorción del calcio en el tracto intestinal. Este elemento, además del que nos aporta la dieta —sobre todo con los productos lácteos—, que se encuentra en el intestino, proviene también de la saliva, bilis y jugo pancreático, incluso del tramo inferior del intestino delgado. En la absorción del Ca, la vitamina D se localiza en la mucosa intestinal aumentando la permeabilidad de las células frente al mismo e incrementando el contenido celular de una proteína fijadora de este elemento y permitiendo una liberación mayor de calcio hacia el torrente circulatorio.

La vitamina D, además de su acción favoreciendo la absorción y fijación del calcio en el hueso nuevo, tiene un papel fundamental en el remodelado del esqueleto, interviniendo, al parecer en mayor medida en la formación que en la resorción del mismo. Desde luego, es indispensable para iniciar la calcificación de la matriz orgánica del hueso, pero también se necesita junto a la parathormona en la movilización del calcio óseo para mantener la concentración necesaria de este catión en la sangre, que es de 10 miligramos/100 centímetros cúbicos, y en la formación de hueso nuevo en las zonas donde este se curva para reforzarlas a expensas de la resorción de hueso antiguo. Es decir, el esqueleto tiene un metabolismo dinámico en el que continuamente se está formando y destruyendo tejido óseo reforzando las zonas cóncavas que se curvan aguantando presiones y destruyendo las partes más convexas.

La resorción y neoformación del hueso afecta tanto a la fase orgánica, es decir, al colágeno fundamentalmente, como al fosfato cálcico.

En la liberación de calcio del mismo tiene también un papel fundamental la parathormona, y en su fijación la calcitonina y la vitamina D.

Los trastornos que afectan a la parathormona debe tratarlos el médico.

La calcitonina o tirocalcitonina, según Clark T. Savin, es una hormona cuyo exceso se podría producir por algún tumor en el tiroides, y ese es el caso de personas con una gran densidad ósea u osteopetrosis que tienen algunos enfermos sin ninguna otra enfermedad aparente.

Según el mismo autor, «la búsqueda de déficit de esta hormona no ha tenido éxito aunque algunos pacientes con *carencia* de tejido tiroideo podrán ser de hecho deficitarios en TCT». (*Las hormonas*, Fisiología endocrina, de Ed. Salvat, 1971.)

Por otra parte, en la *Bioquímica* de Harper de 1986, en la página 556, insiste en el tema diciendo: «No se han descrito manifestaciones clínicas de la deficiencia de calcitonina». El exceso se produce en el carcinoma de la médula tiroidea.

Entonces, podemos pensar que si no se han encontrado personas con déficit de esta hormona, el problema de la osteoporosis en la actualidad proviene fundamentalmente de una deficiencia de vitamina D.

Y en efecto, el aumento del número de pacientes con este trastorno, se puede situar en el tiempo con el aumento del número de personas que toman la leche, el yogur y los quesos descremados, que están dejando de comer embutidos y carnes grasas y que incluso quitan la piel del pollo antes de cocinarlo.

¿Es esto incorrecto? No, es preciso disminuir las grasas saturadas y los alimentos ricos en colesterol, como la yema de huevo y el hígado, para aquellas personas con trastornos circulatorios o con riesgo de tenerlos, pero hay que tener muy en cuenta que la acción de eliminar o disminuir notablemente las grasas de la dieta conlleva una sustancial disminución de la ingestión de vitamina D y, en consecuencia, es la causa en millones de personas de la descalcificación del hueso.

Porque los lácteos descremados siguen conteniendo calcio y fósforo, pero junto con la grasa se han eliminado las vitaminas A y D, que, por el hecho de ser liposolubles, quedan junto a la nata o mantequilla.

Y esto —tan elemental, tan llamativo, tan fácil de entender— no se está explicando a las personas que, por el hecho de quitar las grasas al jamón y las carnes y tomar productos desnatados, han eliminado o disminuido en gran medida de su dieta la vitamina D.

Además, insisto, es facilísimo comprobar cómo este proceso de generalización de la osteoporosis concuerda en el tiempo con la facilidad de adquisición de productos lácteos bajos en materia grasa, que ya no se destinan únicamente a aquella población con enfermedades vasculares o metabólicas, sino que los anuncios se dirigen fundamentalmente a las mujeres y jóvenes que no quieren engordar o intentan adelgazar.

En la sociedad actual, la mayoría de las mujeres y algunos hombres pretenden estar delgados, pues los cánones de belleza exigen a las personas no tener un gramo de grasa superflua; aún más, es elegante estar escuálida, y las mujeres que presentan la moda en la pasarela rozan o sobrepasan el metro ochenta con un esqueleto de efebo y un peso de cincuenta y tantos kilos que a todas luces es insuficiente para esa talla. A estas mujeres con poco pecho, pocos glúteos, poca cadera y nada de grasa les sientan bien todos los pantalones, minifaldas y ropa que les cuelguen encima. Es más, como este peso de entre 50-60 kilos no es normal entre las europeas de metro ochenta, nos presentan a negritas esbeltísimas, longuilíneas, que muestran con una gracia especial la ropa que las envuelve. Estas chicas, vestidas con pantalones de cualquier modo y con el pelo corto, en la calle pasarían por «masais», que son esos negros tan esbeltos y bellos a veces.

Frente a este arquetipo de belleza actual, presentado fundamentalmente por la moda, la inmensa mayoría de las mujeres nos sentimos achaparradas, gordas, torpes... muy lejos del ideal de belleza que se nos presenta. La consecuencia inmediata es proponerse seriamente hacer un régimen de adelgazamiento, para lo cual lo más sencillo y práctico es eliminar las grasas que son los alimentos que nos ofrecen mayor cantidad de calorías por gramo (9 kcal/gramo frente a las 4 kcal/gramo de las proteínas y los hidratos de carbono). Además, es fácil, pues tanto en la televisión, como en las revistas se nos están ofreciendo las leches, yogures y quesos descremados y, en consecuencia, con menos calorías.

De modo que estos productos, que en principio están destinados a los obesos y a las personas con exceso de colesterol, triglicéridos y problemas de metabolismo, se están consumiendo por casi todas las mujeres e incluso por las adolescentes y joven-citas que a toda costa quieren estar delgadas. Estoy en condiciones de explicarles que gran canti-dad de niñas a la edad de 12 a 14 años ya empie-zan a estar motivadas por el bombardeo de los anuncios que recomiendan estar delgado y que para lograrlo deben tomarse lácteos descremados. Como normalmente en su casa encuentran con facilidad los productos «light», porque son los que convienen a sus padres, ellas comen lo mismo, sin tener en cuenta que están en la edad de crecer y, en consecuencia, con el estirón tienen que alargar y calcificar los huesos.

En verano, y también motivadas por la moda, las muchachitas toman el sol para estar morenas, que es la intención a la cual sacrifican el tostarse como en una parrilla y a veces el porvenir de su cutis; pero de propina, fabrican vitamina D. Y para conseguir el bronceado saben que es bueno comer zanahorias, que con el ß-caroteno de esta raíz for-man vitamina A.

Pero al llegar el invierno se meten en las aulas y, salvo algún fin de semana en el que quizá hagan deporte, ya no toman el sol, y por ello empiezan a tener una subcarencia de vitamina D.

En mi despacho tuve un caso que a los lectores les costará creer. Fue en el año 1989.

Vino a verme una joven acompañada de su madre y me contaron la historia que voy a referirles: a la chica empezó a dolerle un tobillo, hasta el punto de andar un poco coja, y, como es natural, fueron al médico. No puedo contarles si visitaron uno, dos, tres o cuatro; pero como resultado de las consultas, un traumatólogo (o lo que fuera) le rompió la tibia a la chica, asegurándole que de ese modo se le calcificaría mejor el tobillo.

Después empezaron a darle calcitonina (que, según los expertos, no se han encontrado personas con deficiencia de la misma) y cal. La chica se encontraba muy mal, y aún se sentía peor con las inyecciones de la hormona.

Cuando vinieron a verme me trajeron las radiografías, en las que se veía un señor tornillo —que seguramente en un momento u otro empezará a dar señales de que está allí— y una descalcificación generalizada que afectaba tanto a los huesos de la pierna como los del pie, que eran los que se veían en aquellas placas.

Comía poco relativamente, y al observar yo que su madre era una persona de constitución llenita, me dirigí a ella y le pregunté si había hecho dietas de adelgazamiento. Me respondió que sí, que en muchas ocasiones; seguí con el interrogatorio y le pregunté si tomaba los lácteos descremados y evitaba las grasas, y también contestó afirmativamente.

El resultado de las preguntas que hice a la madre me dio como respuesta, además, que la hija, desde los doce años, prácticamente no tomaba grasas animales y, en consecuencia, tenía carencia de vitamina D.

Y nadie, nadie, le había preguntado qué comía ni habían intentado averiguar la falta de calciferol. Cuando queremos conocer si una persona toma calcio, basta preguntarle si toma lácteos, pero si se quiere saber si además toma vitamina D, hay que investigar si son completos o descremados. En este último caso, o se toma el sol o hay que empezar con el aceite de hígado de bacalao (que ahora lo encontrarán en perlas de gelatina). Las vitaminas D tienen los nombres de ergocalciferol, colecalciferol y también calcitriol.

Traté otro caso muy llamativo que vale la pena describirlo, y además a los médicos les resultará muy útil tenerlo en cuenta. Vino a verme una señora con su esposo, por cierto muy guapa y elegante; me mostró unas radiografías en las que aparecía su esqueleto increíblemente descalcificado, las vértebras estaban aplastadas, deformadas de un modo absolutamente impensable al observar a su portadora; y había algo aún más extraordinario a mi modo de ver. Junto a aquella descalcificación tan llamativa no se veía una artrosis. La interlínea estaba conservada, o sea, no había degeneración discal.

Estamos acostumbrados a ver en las radiografías, junto a la descalcificación, una artrosis más o menos avanzada, ya que es corrientísimo que el problema sea consecuencia de la no formación de colágeno, y por ello hay una degeneración de los discos y de los cartílagos articulares en general, junto con la típica descalcificación de la persona que, al no formar el soporte del calcio en el hueso (que insisto es colágeno), estos se desmineralizan.

Era una radiografía intrigante, porque cuando le pregunté a la señora cómo se alimentaba, lo hacía correctamente y además no había tenido hijos, con lo que la descalcificación por los embarazos, pérdidas y lactancias quedaba descartada.

Cuando iba escribiéndole la dieta, ella me hizo una advertencia: «Procure darme cosas laxantes, pues desde jovencita, incluso antes de casarme, vengo tomando a diario dos cucharadas de...», aquí me dijo el nombre de un laxante preparado a base de aceite de parafina.

En ese momento entendí todo; desde los dieciséis años estaba tomando una sustancia que tiene la propiedad de un aceite en cuanto a hacer de lubrificante y ser una ayuda para el tránsito intestinal, pero es un aceite mineral, sacado del petróleo, que no alimenta, pero arrastra las vitaminas liposolubles como son las A, D y E junto a la K.

Años y años de tomar este laxante la habían conducido a unos problemas carenciales y, de hecho, ella venía a Barcelona porque la trataba un famoso oculista en esta ciudad, el cual le recomendaba tomar vitaminas A + E; es decir, la deficiencia de estas, producida por el arrastre de las mismas al tomar el laxante, le habían ocasionado unos trastornos que le corregían con estas dos vitaminas.

La de la vitamina D le había llevado a padecer una osteoporosis que la condujo a mi despacho. Fíjense que tanto la vitamina A, como la E, y también la D, son liposolubles, y por esta razón eran las que, al perderse con el aceite de parafina en las heces, le habían ocasionado los trastornos inherentes a tales carencias.

Resumiendo, en los casos más llamativos que he visto de osteoporosis, sin artrosis a la vez, indagando, me he encontrado con una deficiencia de vitamina D que, por desgracia para los pacientes, nadie se había preocupado de detectar y, en consecuencia, de solucionar.

De modo que la vitamina D, que también verán denominada como colecalciferol, 1-25-dihidroxicalciferol y ahora calcitriol, es esencial en la calcificación del tejido óseo, y su deficiencia conduce al raquitismo en los niños y la osteomalacia en los adultos, que se confunde en cierto modo con la osteoporosis. La osteomalacia es una descalcificación del hueso producida por la falta de vitamina D. Era frecuente en las mujeres de los beduinos y las mahometanas que van completamente tapadas por ropajes que impiden la exposición de su piel al sol.

La osteoporosis es una descalcificación producida por el fallo en la fabricación de la matriz orgánica del hueso, o sea el colágeno; y al no existir el soporte de las sales cálcicas, estas no pueden

depositarse y endurecer los huesos. Pero el resultado es el mismo: un esqueleto descalcificado y
perfil con vértebras aplastadas.

En muchos casos, en la actualidad observo que
se dan los dos problemas conjuntamente; hay una
parte de degeneración de la porción viva del hueso,
la que antes llamábamos osteína, y además, en las
personas que toman alimentación sin grasas animales, una falta de vitamina D, que puede corre-
girse tomando el sol con moderación o aceite de
hígado de bacalao.

En nuestro país se escuchan y leen anuncios
que nos aseguran que la leche descremada «contiene todas sus proteínas, vitaminas y minerales»;
esto no es cierto en lo que se refiere a las vitaminas A y D, que van junto a la grasa y, en consecuencia, se eliminan con la misma. El que se per-
mitan estos anuncios puede ser muy pernicioso,
porque las personas que consumen lácteos descremados no están advertidas de que les falta vitamina D en su dieta, hecho que, si no compensan de
otro modo, las lleva a la descalcificación, de la que
todo el mundo habla y nadie explica correctamente y de un modo satisfactorio sus causas, que además permitirán entender su extensión tan extra-
ordinaria en la segunda mitad del siglo XX, que es
en el que más lácteos se han consumido en España y en otros países y, en consecuencia, cuando
más calcio se ha tomado. Es decir, los lácteos
descremados únicamente llevan todas las vitaminas de la leche si se les ha añadido las vitaminas
A y D.

En los siguientes capítulos tendremos en cuenta cuáles son los nutrientes que fundamentalmente se necesitan para formar colágeno y, en consecuencia, tener el soporte indispensable para la fijación del calcio por los huesos.

Proteínas y colágeno

———◆———

UNA VEZ CONSIDERADO el problema de descalcificación de los huesos por falta de vitamina D, que en la actualidad es muy corriente en las personas que han disminuido o eliminado de su dieta las grasas de origen animal, vamos a estudiar el otro caso: la no formación de matriz orgánica por el hueso, con la consecuencia de que si la reposición de la misma no es correcta no se pueden depositar las sales cálcicas en el esqueleto.

En el libro *Las hormonas*, de Clark T. Sawin, en relación con la osteoporosis se dice que «es una rarefacción generalizada de los huesos en la cual el calcio sérico es normal, pero existe una pérdida de masa ósea tanto orgánica como mineral».

En la *Bioquímica* de L. Stryer, después de explicarnos que «el hueso consta de una fase orgánica que es casi enteramente de colágeno y una fase inórganica de fosfato cálcico...», sigue: «Se requiere el colágeno para la deposición de los cristales de fosfato cálcico que forman el hueso; de hecho, los cristales iniciales se encuentran a intervalos, que es el periodo de las fibras de colágeno, creyéndose que los huecos entre las moléculas de tropocolágeno a lo largo de la fila sean los lugares de nucleación para la fase mineral del hueso».

En la *Bioquímica* de Harper, cuando se estudia el efecto de la parathormona sobre el hueso, se nos explica que «el efecto neto es la destrucción del hueso con la liberación del calcio, fosfato y elementos de la matriz orgánica, incluyendo productos de la degradación del colágeno».

En esta misma obra, en el capítulo que se nos describe el colágeno leemos lo siguiente:

> El colágeno es la molécula más común en el mundo animal... La propiedad más definida de las moléculas de colágeno es su triple hélice formada por una espiral enrollada de tres subunidades polipeptídicas de unos 3.000 angstroms de longitud (300 n.m.) Estas moléculas triple helicoidales exclusivas del colágeno se asocian lateral y longitudinalmente con un escalonamiento en esta dirección menor que un cuarto de la longitud de la triple hélice. Entre el final de una triple hélice y el comienzo de la siguiente hay un hueco que puede proporcionar *el lugar* para el depósito de los cristales de hidroxiapatito en la formación de los huesos.

He querido reproducir, escrito por tres autores diferentes —podrían ser de más—, el hecho de que la fijación del fosfato cálcico por el hueso requiere la formación de colágeno.

¿Qué es esta sustancia explicada de un modo que pueda entenderlo el que no sabe Química? Es

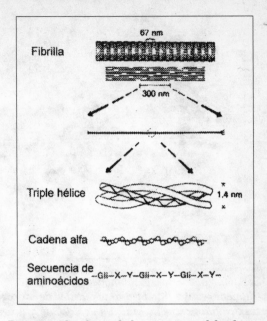

*Rasgos moleculares de la estructura del colágeno
desde la secuencia primaria hasta la fibrilla.*

*Modelo espacial
de la triple hélice del colágeno.*

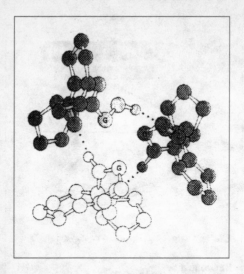

Sección transversal de un modelo de colágeno.
Cada filamento está unido mediante puentes de hidrógeno
a los otros dos filamentos (... indica un enlace de hidrógeno).

la proteína más abundante en el cuerpo humano,
siendo el constituyente esencial de los cartílagos,
huesos, tendones, paredes de vasos sanguíneos,
tejidos conectivos y parte orgánica del diente.

¿Qué son las proteínas? Son los constituyentes
de todos los tejidos de los seres vivos, de todos los
enzimas que son las sustancias que permiten que
tengan lugar todas las reacciones químicas en el
metabolismo de los seres vivos (por ejemplo, de la
insulina, glucagón calcitonina, etc.). Es decir, son
tan importantes, que su nombre deriva del griego
«prothos», que significa primero o principal.

Las proteínas están formadas por la unión de
unas moléculas más pequeñas llamadas «aminoácidos», porque en su molécula llevan un grupo
ácido y un grupo amino. Precisamente las uniones

se hacen por la reacción —con pérdida de una molécula de agua— del grupo ácido de uno con el grupo amino de otro. El enlace químico que resulta de esta unión se llama peptídico, y cuando las proteínas constan de la unión de relativamente pocos aminoácidos se llaman «péptidos», y cuando estos son menos de doce «oligopéptidos», reservándose el nombre de prótidos o proteínas a los formados por la unión de muchos aminoácidos, generalmente miles.

En los libros antiguos encontramos que a estas sustancias se les llamaba «albuminoides», pues una de las que primero se estudió fue la clara de huevo, que está formada fundamentalmente por albúmina, que es una proteína bien conocida que también se encuentra junto con la caseína en la leche.

Pues bien, explicada la necesidad de formar colágeno para la fijación del calcio en los huesos, hemos de considerar también cómo se repone el mismo, ya que los tejidos —incluidos los del hueso— tienen una dinámica, es decir, se destruyen y reponen continuamente.

Algunas proteínas del hígado tienen una vida media de veintitantos días, aunque la célula hepática puede vivir alrededor de un año; las células de la sangre tienen un recambio a los 120 días, que son cuatro meses, mientras que las del tejido muscular se renuevan cada seis meses, o sea, 180 días.

Pero a los colágenos del hueso y cartílago se les ha encontrado una vida de unos 2.000 días y, por lo tanto, su turnover es de casi seis años, estimándose que los de la parte más dura de los huesos puede ser aún mucho más lento.

Por eso, la primera consecuencia que tenemos que sacar es que la osteoporosis sobre todo se ha de prevenir, porque el proceso de mejoría del hueso es muy lento.

Además, cuando las vértebras están descalcificadas se aplastan por el peso del propio cuerpo, al faltarles la rigidez que les proporcionan las sales cálcicas, y a la vez forman unos rebordes que pueden rozar las raíces nerviosas y producir el dolor que no solo se manifiesta en el lugar del pinzamiento, sino que sigue a lo largo del nervio correspondiente.

Y llegamos al punto en que los lectores se preguntarán: pues si la regeneración de los colágenos es tan importante, lo es también el conocer cómo se hace.

Párrafos atrás les he explicado que las proteínas se fabrican por los seres vivos encadenando aminoácidos, y que estas moléculas son, en consecuencia, los elementos básicos para formarlas y reparar después su desgaste.

Las plantas verdes los pueden fabricar, pero nosotros no, y, en consecuencia, los hemos de tomar formados con los alimentos que contienen proteínas, ya que las de todos los seres vivos están constituidas por las mismas 20 moléculas que son aquellas con las que se forman TODAS las moléculas proteicas de las bacterias, plantas, animales y el hombre; es decir, de todos los seres vivientes que hay en la tierra.

Ahora bien, la frecuencia con que aparecen unos aminoácidos u otros en las distintas cadenas peptídicas es lo que diferencia las proteínas.

Hay aminoácidos neutros, ácidos y básicos; algunos son muy pequeños, como la glicocola o glicina, y otros contienen anillos en su molécula, como la prolina, tirosina y la metionina. Los hay básicos, como la lisina y arginina, y ácidos, como el ácido aspártico y el glutámico.

Con una serie de 20 moléculas tan distintas en su estructura molecular y en sus cualidades químicas, el número de proteínas diferentes que pueden formarse es prácticamente infinito.

En la actualidad conocemos perfectamente la secuencia de los aminoácidos de las proteínas más importantes de los seres vivos, y, como lógicamente cabe pensar, las de los alimentos de origen animal tienen los aminoácidos en una relación más parecida a la de los humanos, que las de origen vegetal.

A las proteínas cuya proporción de aminoácidos es muy parecida a las de los seres humanos las llamamos de alto valor biológico o proteínas completas. Las de los vegetales, sobro todo las de los cereales, son pobres en lisina, metionina, triptófano, cistina y treonina; sin embargo, la pobreza en estos aminoácidos del pan, arroz y maíz se puede compensar tomando a la vez huevos, quesos, yogur o leche.

Y digo «a la vez», no porque me haya salido así la frase, sino teniendo en cuenta el hecho de que los aminoácidos resultantes de la digestión de los alimentos proteicos se unen en la sangre a los resultantes de la degradación de los tejidos del cuerpo, pero en unas cinco horas se distribuyen por todas las células del organismo y se utilizan en la formación de neurotransmisores, neuromoduladores, enzimas, hormonas, anticuerpos y en la reparación de los tejidos y formación de nuevas células sanguíneas.

Los que han quedado «descolgados» de las peticiones celulares el hígado los transforma en sustancias que entran en el metabolismo energético, y con el nitrógeno que previamente se ha eliminado de los mismos forma urea, que es una sustancia muy soluble en el agua y, por lo tanto, en la sangre y en la orina, y con esta es excretado al exterior.

En el cuerpo humano —al contrario de las grasas y del glucógeno o almidón animal que es un hidrato de carbono— NO hay reservas de proteínas ni de los aminoácidos que las forman. Al no tener depósitos de estas sustancias, cuando se necesitan aminoácidos, por ejemplo, para el trabajo del sistema nervioso o la formación de anticuerpos u hormonas, se deshacen proteínas plasmáticas (o sea, de la sangre) y de los tejidos.

Por esta razón, hace años que llevo a cabo una especie de cruzada en favor de un desayuno más completo y con alimentos proteicos. Y lo más curioso del caso: que hay personas que en ocasiones me han calificado como «indocumentada» y que, en cierto modo, llevan la información oficial u oficializada de la nutrición a la población, que a esto no le dan ninguna importancia, y les he oído hablar del desayuno con churros o con mantequilla y mermelada. Que no estoy en contra, ¡ojo! Que a mí me encantan los unos y lo otro, pero que no es suficiente, y la muestra está en el malísimo balance de resultados de nuestros estudiantes de BUP y Formación Profesional, que cosechan doble número de calabazas que sus compañeros de la Comunidad Europea, y en el número de accidentes laborales, que desgraciadamente es coincidente en la proporción negativa, comparada con la de los operarios de los países de nuestro entorno, ya que aproximadamente también padecemos el doble.

Es notorio que no se está advirtiendo desde las esferas oficiales, u oficialistas, de la importancia que tiene el desayuno completo y equilibrado con proteínas, evidentemente, y con fruta fresca.

La falta de atención, de retención y de concentración de muchísimos estudiantes y trabajadores debe atribuirse a desayunos incompletos. El que la enseñanza sea o no la ideal es aparte; porque yo sé de muchas chicas que vienen a verme para explicarme «que no les entran las explicaciones», o que «no las retienen», o que «se les olvida todo con mucha facilidad». No vienen a quejarse de la enseñanza que reciben, sino de que ellas no se encuentran en condiciones de asimilarla. También me encuentro con mujeres que ya no estudian, pero que se quejan de que «ya no son capaces ni de pensar».

Como ya habrán adivinado, estos problemas se dan en aquellas personas que, entre otros factores que las conducen a ciertas carencias, no desayunan bien; por ello, son más frecuentes en las mujeres que están obsesionadas por la línea, por un lado, y que son quienes tienen mayor desgaste con los embarazos y lactancias, por otro.

Y todo ello ocurre además en el país en el que se come más tarde del mundo entero.

Todos los empleados de banca y de empresas con el horario de la misma comen entre las tres y las cuatro de la tarde, obligados por su trabajo; muchos de entre ellos han ido «tirando» con cafés y alguna pasta; en consecuencia, esos que prácticamente no han desayunado, a partir de cierta hora no rinden, no están de humor, cometen equivocaciones y llegan a unas situaciones de estrés que no les benefician en nada a su salud física ni psíquica.

Tomen algo en casa, desayunen bien a eso de las nueve, redesayunen con unos quesitos poco grasos o unas avellanas y almendras alrededor de las doce o la una del mediodía y llegarán al final de su jornada laboral en forma y con buen humor.

De modo que las proteínas, que son los alimentos que nos van a suministrar los aminoácidos a partir de los cuales regeneramos el colágeno, no solo son interesantes a este efecto, sino que hemos de procurar que las tomen en el desayuno todos los miembros de la casa, pues, insisto, también influyen en el rendimiento intelectual.

En esta primera comida del día, que todos hacemos con prisa, pues normalmente por las mañanas hemos de ir a nuestro trabajo o al colegio y a la Universidad los jóvenes, después de un zumo de cítricos o fruta fresca elegiremos alimentos fáciles de preparar como huevos, jamón, quesos, atún (de lata), por ejemplo, que tomaremos además de cereales o pan integral y leche o yogur.

En nuestro país la comida del mediodía suele ser completa (incluso a veces excesiva), normalmente lleva proteínas, ya sea en forma de carnes o pescados, pero me encuentro el caso de muchas personas que no hacen bien la cena, pues erróneamente creen que el tomar solo verdura y fruta es muy sano. Y yo les digo que sí, que es muy sano y yo misma lo hago, pero hay que añadir siempre un alimento rico en proteínas —fácil de digerir evidentemente—, y tal alimento pueden ser los pescados, que pueden tomarse hervidos por los que tienen digestiones difíciles y también cocinados de cualquier otro modo por los que no tienen este problema. Incluso cuando la persona es inapetente se hace una sopa de pescado con un poco de arroz, por ejemplo, y así con un único plato y una fruta detrás hace una cena completa.

Es esencial, por lo tanto, para mejorar la osteoporosis, y mejor, evitarla, el tomar proteínas en las tres comidas más importantes del día.

Tengan en cuenta que el que no forma colágeno no solo presenta una descalcificación ósea, sino que, al no reparar los cartílagos, sufre artrosis y también un deterioro de los tendones, que a veces se manifiesta por una tendencia a que se doblen los tobillos, lo cual también es más frecuente en las mujeres, que son las personas que llevan un calzado menos estable, o a que cualquier esfuerzo conlleve un «tirón» muscular que duele durante semanas y a veces durante meses.

También, y más frecuentemente en el sexo femenino, se producen moratones o cardenales con gran facilidad a causa de los golpes que la persona ni ha reparado o simplemente porque en alguna circunstancia le han cogido con fuerza un brazo quedándole marcados los dedos. Parece una exageración, pero es así; yo me encuentro con que me presentan estos problemas muy frecuentemente.

Cuando se llega a esta situación, a la vez se deterioran las encías y, en consecuencia, se aflojan los dientes e incluso se forman caries bajo la corona de las muelas.

Todos estos problemas no son más que distintas manifestaciones de un mismo hecho: la no regeneración del colágeno que hay, sobre todo en los huesos, encías, paredes de los vasos sanguíneos, tendones y cartílagos.

La conclusión que debemos sacar de la lectura de este capítulo es que hemos de tomar proteínas, empezando en los desayunos y acabando en las cenas.

Y aquí hay que dar un toque de atención, pues se permite que en los anuncios de zumos de frutas se diga o escriba la frase: «Con todas sus vitaminas y proteínas». Si las frutas no tienen proteínas, ¿cómo van a tenerlos sus zumos?

Aún se da otra falacia en ciertos anuncios de quesos frescos; se nos dice que cuatro «petit-suisse» tienen las mismas proteínas que un bistec, pero no se avisa de que aproximadamente la mitad de los mismos es grasa y, en parte, ese aumento de la tasa de colesterol que se ha encontrado en los niños de nuestro país puede achacarse a que las madres no están avisadas de la gran cantidad de grasa y colesterol que contienen, aunque parece que hay una tendencia a corregir este hecho modificando la composición de los mismos.

La conclusión que deben sacar ustedes es que los huesos se rompen no porque falte calcio en los mismos, sino porque les falta el COLÁGENO, que es gelatinoso en cierto modo (y cocido, es precisamente la gelatina que se saca de ellos) y por esta cualidad permite que el esqueleto se deforme sin «cascarse». Es más, la falta de la calcificación total hace que las caídas de los niños no conlleven fracturas óseas porque, al ser flexibles, no se rompen; pero un esqueleto con colágeno y poco calcio se deforma, por ello la calcificación debe ser la correcta, pues si no se produce el arqueamiento de las piernas y el tórax toma forma de «pecho de pichón» como he dicho en otra ocasión.

Como además el COLÁGENO es el soporte de las sales cálcicas del hueso, es primordial alimentarse de modo que podamos formar esta proteína tan importante para la conservación del esqueleto en buen estado.

— UN HUESO SIN CALCIO NO SE ROMPE, SE DEFORMA.
— UN HUESO SIN COLÁGENO ES FRÁGIL, SE ROMPE Y ADEMÁS NO PUEDE FIJAR EL CALCIO CORRECTAMENTE, YA QUE LE FALTA EL SOPORTE DEL MISMO.

ATP y GTP

Adenosintrifosfato y guanosintrifosfato

———◆———

HEMOS EXPLICADO que las proteínas las forma el cuerpo humano (como los otros seres vivos) encadenando los aminoácidos que nos suministran los alimentos proteicos, pero ahora vamos a considerar la forma en que se lleva a cabo la unión.

Hace unos 20 años no hubiésemos podido responder a esa pregunta de *cómo* se hacen estos enlaces químicos más que globalmente. Es decir, con pérdida de una molécula de agua, pero sin especificar más detalles.

Ahora sí sabemos cuáles son los enzimas y los mecanismos que intervienen en la fabricación de las cadenas peptídicas. En primer lugar hemos de tener presentes que todo trabajo consume energía y, por lo tanto, el trabajo químico de unir los aminoácidos necesita un suministro adecuado y las moléculas que son capaces de cederla, son precisamente en el caso de la formación de proteínas, el ATP o adenosintrifosfato y el GTP o guanosintrifosfato, las cuales pueden suministrar la energía química de los enlaces fosfato y pirofosfato que se rompen por hidrólisis de la molécula.

Es decir, en la calcificación del hueso volvemos a encontrarnos con la necesidad de grupos fosfato, que, como siempre, el organismo los toma en forma de lecitina, que es una molécula que forma parte de las membranas celulares a las que proporciona flexibilidad sobre todo si los ácidos grasos que le forman son insaturados.

Los alimentos más ricos en lecitina son los sesos, la yema de huevo, el hígado, los riñones y vísceras en general, que coinciden con ser los que contienen más colesterol. Normalmente, las personas con osteoporosis son adultos que en muchos casos están haciendo una dieta restrictiva en calorías o eliminando los alimentos que son ricos en colesterol y grasas saturadas.

De ahí que en todos los países occidentales se haya generalizado el hecho de tomar lecitina de soja como suplemento fosforado para compensar una situación cada vez más extendida en la que la mayoría de las personas de los países civilizados realizan un trabajo fundamentalmente intelectual y están sometidas a un gran estrés, y a la vez cada vez toman menos alimentos ricos en fósforo.

La lecitina de soja tiene además la ventaja de que los dos ácidos grasos que contiene son insaturados; podemos definir esta sustancia como la oleil-linoleil-fosfatidil-colina, mientras que la de cerebro es la dipalmitoil-fosfatidil-colina, lo que significa que los dos restos acílicos de la misma son ácidos grasos saturados y, por lo tanto, desaconsejados cuando hay mala circulación.

Además, según expliqué en mi libro ya publicado *Colesterol y alimentación*, la lecitina es la sustancia que, por decirlo de una manera inteligible para todos, conduce el colesterol al hígado como si lo llevara de la mano, molécula a molécula, de una en una, para que allí sea transformado en ácidos biliares y sales biliares o bien se elimine con la bilis cuando esta se vierte al intestino; es por esa cualidad de la lecitina de esterificar el colesterol para transportarlo junto con las lipoproteínas de alta densidad hacia el hígado, por lo que en cualquier problema circulatorio, como angina de pecho, infarto, ataque cerebral, obstrucciones arteriales, o cuando hay riesgo de tener esos problemas como en los casos de exceso de colesterol y triglicéridos, recomendamos tomar lecitina de soja dos veces al día.

Pero aún conocemos más detalles acerca de cómo ejercen su acción las moléculas fosforadas donadoras de energía química por hidrólisis.

Estas moléculas necesitan un co-factor que cierra la molécula en un quelato y que es un catión divalente. Como en el líquido extracelular el catión con dos cargas positivas es el calcio Ca^{++}, en la contracción muscular es este el que actúa para que los músculos se contraigan; pero en el líquido intracelular el ión más abundante y que cumple estos requisitos es el del magnesio, Mg^{++}, y, en consecuencia, el magnesio es el cofactor necesario en unas concentraciones determinadas para que el ATP y el GTP puedan actuar en la síntesis de proteínas.

Por ello, en el capítulo siguiente pasamos a estudiar este alimento indispensable para la síntesis de proteínas y, por lo tanto, del colágeno de los huesos cartílagos, tendones, paredes vasculares, dientes y encías.

Magnesio

———— ◆ ————

ES UN ALIMENTO MINERAL singular en cuanto al hecho de que su papel en el cuerpo humano y otros seres vivos lo hemos conocido bien entrados los años setenta, y los trabajos que se refieren a estos estudios no han tenido suficiente difusión hasta los ochenta del pasado siglo XX.

Para que se hagan una idea del desconocimiento que teníamos de este alimento, les diré que de hierro, cuyos átomos tienen de peso atómico 56, nuestro cuerpo contiene unos 5 gramos. Los requerimientos diarios son de 10 milígramos en los hombres y unos 15 en las mujeres. Desde hace años es del dominio público la importancia de la falta de hierro en la anemia.

El magnesio, cuyo peso atómico es de 24 (está considerado como un metal ligero), del que tenemos unos 24 gramos en nuestro cuerpo y del que necesitamos ingerir entre 500-600 milígramos diarios, hasta hace poco tiempo no teníamos un conocimiento claro de sus necesidades y de su papel en el organismo. ¡Atención!, aún hoy, muchas personas no tienen la menor idea, y no me refiero a cualquiera, sino a especialistas en temas de salud y alimentación, de la importancia de este elemento.

Y eso a pesar de todo, que si el magnesio pesara como el hierro tendríamos más de 50 gramos en el cuerpo y sus necesidades serían de algo más de 1.000 miligramos, o sea, aproximadamente de 1 gramo diario.

¿Por qué este desconocimiento tan generalizado sobre un elemento vital no solo para los humanos, sino para todos los seres vivos? Porque los métodos de análisis de que disponíamos los químicos hasta hace pocos años eran inexactos y poco fiables, y porque la bioquímica y la biología molecular tienen muy pocos años de vida. En los años cuarenta en la Universidad, estudiábamos Biología, por un lado y Química Orgánica, por otro, pero no Bioquímica.

Por otro lado, mientras los suelos de labor se abonaban con estiércol y guano, no se había generalizado la desaparición progresiva del magnesio en los terrenos agrícolas y, en consecuencia, en los alimentos del llamado mundo occidental. En la actualidad, se considera por expertos de U.S.A., Francia y otros países que la dieta actual apenas nos suministra la mitad del magnesio del que se tomaba a principios de siglo, debido en gran parte al abonado químico, al refinado de muchos alimentos y a que, por el miedo a engordar, al azúcar o a los triglicéridos que contiene, hay muchos adultos que apenas toman chocolate, y como el cacao es el alimento más rico en este mineral, no se compensa la disminución en magnesio que ha sufrido la dieta occidental.

Y lo más grave, lo que es aún más importante, es que todavía hay en nuestro país personas consideradas como «expertas» en nutrición que de esos hechos no solo no tienen ni idea, sino que en recientísimos trabajos publicados sobre el tema, todavía andan contándonos el cuento de que «este metal es un componente de la clorofila, la sustancia que da color verde a las plantas»..., y por ello años atrás nos creíamos que para tomar magnesio bastaba con comer verduras fundamentalmente.

Error, gran error, ya que en contra de lo que creíamos hace veinte años, no son las hojas las partes más ricas en magnesio de los vegetales, sino las semillas, singularmente unas semillas exóticas, las del cacao. Doy a continuación una lista de los que son considerados los alimentos más ricos en magnesio: cacao (420 mg por 100 g), las almendras (252), la harina de soja (223), los cacahuetes, las judías blancas y otras legumbres, el chocolate amargo (150), el pan integral, los copos de avena (145), avellanas y nueces (140), las harinas completas, etc. También ciertas gambas.

Pero las espinacas y el perejil, con 55 y 52 miligramos por 100 gramos de alimento, que son los vegetales que tienen más clorofila, ya no son ricos en magnesio y mucho menos las coles con 15 miligramos la escarola cruda con 12, las judías verdes cocidas y la lechuga cruda con 10, etcétera.

Pues bien, cuando el año 1977 yo escribí sobre el magnesio, en el primer libro que publiqué, explicando los porqués de la generalización de su deficiencia con argumentos científicos y válidos en todo el mundo (antes yo me había dedicado a la agricultura y era una gran conocedora de suelos y abonados), la respuesta fue de rechazo por algunos profesionales que por salir con frecuencia en los medios de comunicación, podían advertir de este hecho a las personas más afectadas por la deficiencia de magnesio.

Porque este elemento interviene en TODAS las reacciones químicas que suceden en el interior celular que utilizan nucleósidos-trifosfatos o nucleósidos-difosfatos como el ATP, GTP, UDP..., con alguna rarísima excepción que utiliza manganeso en forma de Mn^{++} en las mitocondrias y también en la síntesis de proteoglucanos.

A título orientativo les diré que el magnesio interviene en la formación de neurotransmisores y neuromoduladores, en la repolarización de las neuronas, en el mantenimiento del potencial de acción a lo largo de los cilindroejes en el sistema nervioso, en la relajación muscular, incluido el funcionamiento del músculo cardiaco, en la síntesis de enzimas, de anticuerpos, de hormonas, reparación de tejidos, también en la réplica y transcripción del código genético o sea en la reduplicación del ADN para formar las células hijas y en la transcripción del mensajero en la síntesis de proteínas, en la reparación del ADN... También en el hígado en sus complejísimo metabolismo. Se puede decir que el magnesio interviene en TODAS las reacciones químicas que se hacen con gasto de energía.

Es más, en la captación de la energía radiante por las plantas verdes y su transformación en química también tiene un papel esencial. Sin magnesio, las plantas verdes no pueden transformar la luminosa en energía química, la cual, además de almacenarla, luego la pueden utilizar en la síntesis de azúcares, grasas, aminoácidos y ácidos nucleicos, es decir, en las moléculas características de los seres vivos llamadas por ello bióticas.

Teniendo en cuenta la enorme cantidad de funciones orgánicas en las que interviene este elemento, su deficiencia produce gran variedad de trastornos, problemas e incluso enfermedades, pues en su carencia no se fabrican anticuerpos ni se reparan los tejidos en la medida correcta, y al darme cuenta de que podía ayudar a muchísimas personas que, por presentar una deficiencia de este elemento padecían distintas dolencias, escribí un libro con el título de *El Magnesio* que tuvo una espléndida acogida por el público, pero su aceptación fue muy dura de admitir por ciertas personas, que, insisto, dada su aparición frecuente en los medios de comunicación, podían transmitir estos estudios al público en general y también, en un nivel más técnico, a las personas que en cierto modo deben cuidarse de la salud y la prevención de la enfermedad en todo el país.

Pues bien, nada menos que en 1988 se publicó un libro de nutrición en el que se dice: «La deficiencia de magnesio es muy poco frecuente en la especie humana, en contra de lo que pueden hacer creer ciertas afirmaciones *indocumentadas*». Y más adelante: «Tampoco la hay para atribuir al magnesio las virtudes curativas que *irresponsablemente* se le han adjudicado».

Ahora voy a transcribir lo que dicen los especialistas en el tema: el doctor Henri Rubinstein, en su obra *Etes-vous Spasmophile?*, dice textualmente: «Se ha podido poner en evidencia una carencia de aporte de magnesio alimentario», y más adelante insiste: «La existencia de un déficit crónico de aporte de magnesio es la base de la teoría magnesiana de la espasmofilia».

Este hecho está tan asumido por los médicos y muchos franceses, que las aguas como Vittel, Hepar, Contrexeville y otras basan el apoyo de su bondad en su riqueza en magnesio.

En la revista *Magnesium*, de la Editorial Karger, en un trabajo de Altura-Altura puede leerse: «A comienzos de siglo, en U.S.A. se ingerían alrededor de 450 miligramos/día de magnesio. Los datos más recientes indican que esos valores son mucho más bajos. Varios estudios señalan que en el presente, en el mundo occidental ingerimos alrededor de 225-300 miligramos/día. Aunque se considera que las cantidades necesarias son de unos 325 miligramos, nuestras dietas con altos contenidos de calcio y fosfatos demanda una ingesta mucho mayor, probablemente unos 500-600 miligramos/día.

En otro trabajo aparecido meses después en la misma revista, y firmado por Altura, dice: «La ración dietaria de Mg^{++} ha mantenido un sostenido declive en el mundo occidental, donde muchos individuos están bordeando una verdadera deficiencia, y esta deficiencia dietaria de magnesio está asociada con las altas incidencias de muertes repentinas, enfermedades coronarias, hipertensión, eclamsia y ataques cerebrales».

En un editorial de la misma revista dedicada al estrés, sistema cardiovascular y magnesio se señala «la frecuencia global de hipomagnesemia puede alcanzar hasta el 52 por 100. Las situaciones mayores de hipomagnesemia en los pacientes hospitalizados parece darse en los estados de hipokalemia (falta de potasio) y en los pacientes admitidos en las unidades de cuidados intensivos. La mayor parte de estos enfermos presentan anomalías cardiovasculares, yendo desde las arritmias cardiacas a la fibrilación auricular y a la hipertensión». Y sigue en la misma revista: «Este número doble de *Magnesium* ha sido destinado a este tema y a reseñar las interrelaciones entre magnesio, estrés y sistema cardiovascular».

En el número del 5 de agosto de 1986, J. R. Marier, del National Research Council de Otawa (Canadá), explica que un 75 por 100 de los individuos toman solamente entre un 70 y un 99 por 100 de la cantidad recomendada, y advierte que debe llamarse la atención de que un 39 por 100 de los sujetos ingieren diariamente menos de un 70 por 100 de la misma, llegando a ser su ingesta tan baja en algunos como de 143-189 miligramos/día, que únicamente es la mitad del magnesio necesario. Estos individuos con una tasa tan baja de este elemento en su dieta, tienen un especial riesgo de problemas cardiacos. Los alimentos ricos en magnesio, como chocolate, almendras, y los mal llamados frutos secos, porque son semillas, como cacahuete, nueces, avellanas y las legumbres como la soja, judías y las gambas y salvado, tienen una cantidad de calcio quizá más de diez veces mayor que de magnesio lo que dificulta la absorción de este último, pues hay una competencia por los transportadores con el calcio Ca^{++} y el potasio K^+. Incluso en las plantas ocurre igual; un abonado muy rico en potasio impide a tal punto la absorción del magnesio que las hojas, que solo necesitan un 3 por 100 del magnesio total del vegetal, no pueden siquiera formar clorofila.

Este hecho ocurrió en unos avellanares de la provincia de Tarragona en los que se practicaron unos abonados «de fondo» con fósforo y potasio en terrenos con poco humus y poca arcilla y las hojas aparentemente se habían quemado. Igual nos ocurrió en nuestra finca en una primera hilera de los frutales que recibía las escorrentías de un estercolero muy ricas en potasio y nos secó aparentemente los árboles que por recibir mucho K^+ no pudieron absorber magnesio. Luego de eliminado el riego del estercolero y añadiendo magnesio, al año siguiente pudieron formas hojas y recuperarse.

Debido a la acción antagónica del calcio, potasio y quizá del fósforo, es por lo que necesitando unos 300-350 miligramos de ión Mg^{++} diarios, *hemos de ingerir entre 500-600 miligramos*, pues se admite que al menos la mitad del suministrado por los alimentados se pierde con las heces.

Cuando empecé a avisar de la disminución de la ingestión de magnesio en el mundo moderno, y que es recomendable añadir un suplemento de este mineral a la dieta, el mismo autor español que he citado otras veces dice que «las sales de magnesio administradas oralmente son mal absorbidas por nuestro intestino y poseen un efecto laxante bien conocido».

Tanto el magnesio, como el potasio, el sodio, el calcio y el hierro se absorben en forma iónica, o sea, como Mg^{++}, K^+, Na^+, Ca^{++}, Fe^{++}..., y además no hay otro modo normal de tomarlos sino como compuestos iónicos, sean sales, óxidos o hidróxidos; por ello, cuando clasificamos los alimentos lo hacemos en: hidratos de carbono, grasas, proteínas, vitaminas y *minerales*.

Y si el ión Mg^{++} que no es absorbido por la mucosa intestinal hace que las heces lleven más agua es porque las moléculas de H_2O son polares, es decir, tienen mayor carga eléctrica negativa en el átomo de oxígeno que en la parte en la que se encuentran los dos protones procedentes del hidrógeno que se combinó con el oxígeno para formar la molécula. Ese desigual reparto de las cargas eléctricas hace que el ión magnesio que tiene dos cargas positivas se rodee de una nube de moléculas de agua y así las heces son más blandas. Este hecho es aprovechado por muchas personas, que por la mañana toman una cantidad mayor de la que van a absorber, precisamente buscando esa cualidad de los iones magnesio a rodearse de mucha agua, para conseguir unas heces más blandas y fáciles de expulsar, bien porque tienden a ser estreñidas o porque han tenido o tienen hemorroides y les interesa obrar con unos residuos más ligeros.

También me encontré con mucha frecuencia con que a personas que tenían síntomas de espasmofilia (tendencia a tener espasmos), como calambres, hormigueos, párpados que laten, tics, dolores en la región precordial, extrasístoles, taquicardias..., pesadillas o sobresaltos en la cama como dando una patada o un salto en la misma, cuando explicaban a su médico que les había recomendado un suplemento de magnesio en la dieta, les decían: «Cuidado, que produce piedras».

Y lo más tremendo y grave de ello es que la formación de cristales de oxalato cálcico —que se admite normalmente es el núcleo sobre el que se depositan después más oxalatos, fosfatos o urato cálcico— tiene lugar precisamente cuando hay pocos iones Mg^{++} en la orina.

En efecto, los nudos de las redes cristalinas iónicas están ocupados no por moléculas, sino por iones, y a estos podemos considerarlos como esferas cargadas de radio constante, aceptándose que los iones están empaquetados de la forma más compacta posible, y que los de carga de un signo están rodeados por los de carga opuesta. Los iones que tienen la misma carga, poseen las mismas propiedades químicas, es decir, los iones Ca^{++}, tienen tendencia a formar las mismas redes cristalinas que los de Ba^{++} o Mg^{++}, pero hemos dicho que en estas los iones están lo más próximos unos a otros que permite su tamaño. Pues bien, en los cristales de oxalato cálcico pueden y de hecho son sustituidos iones Ca^{++} por iones Mg^{++}, y ¿qué pasa? Que mientras los primeros tienen un radio de 1 angstrom, los de magnesio solo miden 0,66 angstroms, y al no llenarse los huecos de cristal, este se desmorona. Insisto, simplemente por la diferencia del radio iónico 0,66 del Mg^{++} a 1 angstrom del Ca^{++}.

Los radios iónicos son menores que los atómicos, pues al desnudarse los átomos de la última capa de electrones se hacen más pequeños, y no solo porque les falta una capa electrónica, sino además porque la carga positiva del núcleo atrae hacia sí con más fuerza los electrones que quedan. Así, por ejemplo, en el caso que nos ocupa, el radio atómico del Ca es 1,74, mientras el del ión Ca^{++} es de 1,0 angstroms y el del átomo de Mg es de 1,36, y cuando se despoja de dos electrones, queda reducido a 0,66 el del ión Mg^{++}. Fíjense que en este último la disminución de tamaño es brutal, porque al ser el magnesio un elemento con pocos electrones en sus capas externas, al quitarle dos de estos, y quedar solo diez, son atraídos hacia el núcleo con mucha mayor fuerza que ocurre en el calcio o con el bario, que al ser un elemento con más capas electrónicas pasa de 1,98 de radio atómico a 1,4 angstroms de radio iónico.

Por eso precisamente, para disolver y evitar la formación de cálculos de oxalato cálcico en personas que los han tenido, suelen darse cantidades de 300 miligramos o más de ión Mg^{++} diariamente como suplemento, según se puede encontrar en el *Acta Médica Scandinavica* (suplemento n.º 661), titulado «The Magnesium ion-Clinical Aspects», cuyos trabajos se publicaron en el Congreso Anual de la Sociedad de Ciencias Médicas celebrado en Estocolmo en diciembre de 1981.

En esta publicación se recomienda un suplemento diario de 15 m mol, que equivalen a 360 miligramos de ión Mg^{++}, que *grosso modo* coinciden con los doctores J. Thomas, E. Thomas, P. Desgrez y A. Moinsangeon de la Clínica Urológica de Hospital Cochin de París y con varios trabajos más presentados en el Tercer Simposio Internacional sobre el Magnesio celebrado en Baden-Baden en 1981.

Los médicos suecos indican que el magnesio puede darse en forma de sulfato, cloruro, óxido, hidróxido, etc. Los médicos franceses dan acetato, y en el Simposio de Baden-Baden hubo quien recomendaba el carbonato o el hidróxido.

Resumiendo, los especialistas y expertos en el tema recomiendan complementar la dieta con un suplemento de cualquier compuesto *iónico* —no en forma orgánica— magnesiano.

Por mi parte, puedo advertirles que el sulfato y el cloruro son los más laxantes, y que las personas que han tomado corticoides o les han hecho infiltraciones a veces tienen tendencia a retener sodio y cloruros, y a ellas les recomiendo que lo tomen como carbonato, óxido o lactato.

Después de todas estas consideraciones, ustedes se pueden preguntar dónde se encuentra la relación entre el magnesio y la formación de colágeno. En el capítulo anterior hemos visto que esta proteína se fabrica encadenando aminoácidos y uniendo de tres en tres estas cadenas peptídicas formando como unos cordones de tropocolágeno que se colocan unos a continuación de otros dejando unos huecos (que miden 400 angstroms) y luego lateralmente hay también unos grupos de cordones unidos a los primeros, pero desplazados aproximadamente $1/4$ de su longitud. Pues el magnesio interviene en varios procesos de la formación del mismo: en la síntesis del mensajero ARN, en la formación de los amino-acil-t.RNA, o sea, en la unión de los aminoácidos a los RNA de transferencia, junto al ATP; en la iniciación y elongación de la cadena peptídica junto al GTP y en la estabilidad de los ribosomas, que son unos corpúsculos en los que tiene lugar la síntesis proteica formados por dos subunidades acopladas para la formación de la cadena peptídica y que, si la concentración de iones Mg^{++} es baja, se separan.

Cuando el deterioro de los cartílagos y la desvitalización del hueso se deben al menos en parte a la deficiencia de magnesio, la persona además suele presentar los síntomas de la misma y así refieren que se fatigan con facilidad, que duermen mal (muchas veces peor en la segunda parte de la noche), que incluso se despiertan cansados, que tienen hormigueos, calambres, pinchazos en la región precordial, taquicardias y extrasístoles estando sentados o acostados o en la madrugada, que a veces se despiertan con un susto que les da la impresión que dan un salto o que caen en la cama, que dan como patadas o disparan los brazos durmiendo, que tienen espasmos en la laringe, opresión torácica, diarrea o estreñimiento, que hacen mal las digestiones... En ocasiones caen los cabellos a mechones o se exfolian las uñas o se separa la carne de las mismas que es un proceso muy doloroso.

Con mucha frecuencia, los espasmos alcanzan los vasos sanguíneos tanto del cerebro, como de la retina o las coronarias, provocando subidas de tensión que muy frecuentemente presentan la mínima alta, o sea, suele estar además descompensada.

Y también es un síntoma de déficit de magnesio la aparición de cristales o arenillas de oxalato cálcico en la orina o en los riñones.

En los casos en los que se presenta una descalcificación con artrosis por no regenerar el colágeno de los huesos y cartílagos, además, insisto, suele provocar algunos de los síntomas antes mencionados cuando hay una deficiencia de magnesio, ya que los síntomas de la artrosis son: dolor, limitación del movimiento, crujidos intraarticulares y en ocasiones inflamación.

Los otros problemas que nos refieren, como cansancio, calambres, taquicardias, etc., son los que produce la falta de este elemento.

En esos casos, yo suelo recomendar un suplemento de cloruro, carbonato, óxido o cualquier compuesto iónico de magnesio que suministre unos 250 miligramos diarios de ión Mg^{++}; aunque en ocasiones hay que dar 300 miligramos o más.

A veces, las personas que han hablado conmigo o han leído mis libros me comentan: ¿Sin descansar? Sin descansar a menos que se coma mucho chocolate amargo y almendras. Y tengan en cuenta que me quedo corta, pues aparte de las cantidades que recomiendan los médicos franceses y suecos, que cité páginas atrás, que eran entre 300 y 360 miligramos de Mg^{++}, les voy a transcribir algún trabajo más.

En la revista *Magnesium*, número 3 de 1984, hay un trabajo de L. Cohen, A. Lahor y R. Kitzes, del Lady Davis Carmel Hospital de Hospital de Haifa (Israel), en el que se explica que 8 jóvenes pacientes con hipertensión esencial fueron tratados con 750 miligramos de óxido de magnesio diariamente (esta cantidad aporta 450 miligramos de ión Mg^{++}). Tenían lesiones en los vasos de la retina debidas a espasmos en los mismos. Después de tres meses de tratamiento, se observaron unas mejorías que suponían cambios reversibles en los vasos (en ocasiones se creen que ciertas lesiones vasculares son irreversibles).

En 1988, Leo Gallard presentó un trabajo sobre enfermedades inflamatorias del intestino en la misma revista cuyo resumen transcribo:

Keywords: Magnesium deficiency. Crohn's disease-Ulcerative colitis. La deficiencia de magnesio es una complicación frecuente en la enfermedad inflamatoria intestinal, demostrada en 88 por 100 de los pacientes (estudiados 13). La disminución de la ingesta oral, la mala absorción y el incremento de las pérdidas intestinales, son las causas principales de la deficiencia de este elemento. Las complicaciones de la misma incluyen: calambres, dolores en el esqueleto, crisis agudas de tetania, fatiga, depresión, anormalidades cardiacas, urolitiasis, dificultad en las curaciones y desórdenes en la motilidad del colon. La excreción de magnesio en 24 horas es un índice interesante que debe ser controlado periódicamente. Los requerimientos parenterales en pacientes con IBD (Inflamatory Bowel Disease) son al menos de 120 miligramos/día o más, dependiendo de las pérdidas fecales. Los requerimientos por vía oral pueden ser tan grandes como de 700 miligramos/ día, dependiendo de la severidad de la mala absorción.

Es decir, con pérdidas mayores de las normales por mala absorción intestinal llegan a dar suplementos de 700 miligramos/día de ión Mg^{++}, ya que calculan además que con problemas intestinales no se toman los alimentos más ricos en este elemento como son el chocolate, almendras, cacahuetes, nueces, avellanas y legumbres.

Nosotros vivimos en un país más seco y en el que la generalización del uso de fertilizantes químicos tuvo lugar unos 20 años más tarde que en otros países europeos o americanos, por eso, normalmente, con unos 225 ó 250 miligramos/día de ión Mg^{++} se compensan las deficiencias del mismo.

Y disculpen que este capítulo sea más detallado de lo que habitualmente escribo y, en consecuencia, más pesado y difícil de leer, pero es que estoy un poco harta de que personas que no conocen apenas este tema me llamen a mí *«indocumentada»* y que me cuenten que no se pueden «atribuir al magnesio las virtudes curativas que *irresponsablemente* se le han adjudicado».

Por ello, más que referirme a mis trabajos y experiencias sobre el tema, he transcrito las de especialistas y expertos de otros países, que parece que aquí es a los que solo se tiene en cuenta.

Vitamina C

◆

E L ÁCIDO ASCÓRBICO o vitamina C es el reductor que el cuerpo humano utiliza normalmente en medio acuoso, como la vitamina E lo es en un medio graso.

Cuando formamos los hilos de procolágeno, en ellos hay muchos restos de prolina que es un aminoácido que forma un anillo pentagonal; algunos de entre ellos tienen que convertirse en hidroxiprolina, pues de este modo se pueden formar con los átomos de los grupos –OH los «puentes de hidrógeno» que mantienen unidos las tres cadenas peptídicas en los cordones de tropocolágeno dándoles estabilidad.

Por esta razón, es imprescindible tomar vitamina C a lo largo del día, y mejor empezando por la mañana. Para ello basta desayunar con cítricos o zumo de cítricos y comer alguno más durante el día, o quivis o fresas o tomate crudo, y si está en un país tropical, piña o mango.

En los sitios fríos, hasta hace pocos años, una fuente muy importante de ácido ascórbico eran la col o coliflor crudas. La facilidad de transporte actual que permite llevar las frutas frescas a gran distancia han relegado quizá a un segundo plano estas fuentes de vitamina C.

Como ven, el tomarla es muy fácil de lograr con una dieta normal y es asequible a todas las personas.

Dietas con carencias de calcio, fósforo, vitamina D, proteínas, magnesio y vitamina C

———— ◆ ————

CUANDO no se toman lácteos, puede haber una deficiencia de CALCIO. Sabemos que aproximadamente un 9 por 100 de las personas de raza blanca (en las de color, son muchas más) no fabrican el enzima lactasa pasada la primera infancia y, en consecuencia, no digieren la lactosa o azúcar de leche. Incluso en bebés con diarreas hay que pensar que tengan intolerancia a la lactosa tanto si toman leche materna o biberón; para ellos se fabrican sucedáneos de leche sin ese azúcar, naturalmente, pero cuando crecen y comen de todo, y también las personas mayores, en general toleran bien los yogures, ya que en ellos la lactosa por la acción de ciertos fermentos se ha transformado en ácido láctico y también digieren bien muchos quesos. Con los yogures y quesos, por lo tanto, puede suplirse la leche, ya que el calcio de la misma sigue en estos productos. Téngase en cuenta que mientras la leche, tanto completa y desnatada, nos suministran 120 miligramos de calcio por 100 gramos de alimentos, los quesos

secos tienen entre 700-1.000 miligramos, el reque-
són y quesos frescos alrededor de 300 y el yogur
unos 145 miligramos.

Ahora bien, he conocido personas que no toman
lácteos de ninguna clase; estas deben recordar que
las almendras y avellanas tienen unos 240-250
miligramos (siempre por 100 gramos de alimento),
la harina de soja 233 y, en consecuencia, las leches
preparadas a base de almendras y soja también
nos ofrecen este elemento en unas cantidades que,
sumadas a las de las legumbres, los huevos, carnes y pescados en condiciones de salud normales,
bastan para abastecer de este mineral en las cantidades recomendadas, que van entre 600-800
miligramos diarios de Ca^{++} para el adulto y cantidades mayores en el embarazo, lactancia y en épocas de crecimiento rápido. Además, entre los pescados los calamares y gambas contienen más de
300 miligramos y las sardinas en conserva cerca
de 100.

Las dietas más ricas en lecitina, que es el alimento que fundamentalmente nos aporta FÓSFO-
RO, son las que incluyen sesos, yemas de huevo o
huevos enteros, hígado, riñones, quesos, moluscos,
crustáceos y carnes asadas. Entre los alimentos
vegetales están el cacao en polvo con 700 miligramos, y, en consecuencia, los chocolates y también las
almendras, avellanas, cacahuetes, nueces, piñones,
copos de avena y trigo, y singularmente la harina de
soja con casi 600 miligramos por 100 gramos.

Además de en la fabricación de los tejidos y
todas las sustancias del metabolismo de los seres

vivos, un 75 por 100 del fósforo total del cuerpo humano se encuentra en el esqueleto, en el que interviene en el «turnover» de los cartílagos y del colágeno óseo, y una parte muy importante se encuentra unida al calcio para formar el hidroxiapatito, que es un fosfato básico de calcio, con el cual los huesos adquieren su dureza y rigidez necesarias para sostener el peso del cuerpo y proteger las partes más delicadas del mismo como el cerebro, corazón y pulmones.

Cuando por problemas circulatorios o metabólicos se evitan las vísceras, los mariscos, las yemas de huevo, y para no engordar también las semillas más ricas en el mismo como almendras, nueces, avellanas, cacao y chocolate... Puede haber una subcarencia de este mineral que se traduce en despistes, falta de memoria, pereza mental y que también puede afectar a la correcta calcificación del hueso, ya que tan importante como el calcio es el fósforo en la formación del fosfato cálcico.

En las personas que, por tomar una alimentación que ellas mismas califican de «limpia», se da la deficiencia de este elemento, se corrige recomendándoles que le añadan una cucharita de lecitina de soja una o dos veces al día a sus comidas, que afortunadamente se encuentra en todo el mundo, pues es un subproducto de la obtención del aceite de soja.

En cuanto a la vitamina D, su deficiencia está cada vez más extendida y alcanza incluso a los jóvenes, debido a que la casi totalidad de las personas que hacen cualquier tipo de régimen, sea

para adelgazar, o bien por tener por altos el colesterol, los triglicéridos o glucosa, y también los que
tienen otro tipo de problemas circulatorios, dejan
de tomar grasas saturadas, y al eliminar o disminuir estas en la dieta, disminuye la ingesta de
vitamina D. Estas grasas saturadas son el tocino,
la mantequilla, la crema de la leche, los sebos, etc.
Se puede compensar tomando el sol como una
hora diaria, tomando pescados llamados «azules»
ricos en aceites y sobre todo con aceite de hígado
de bacalao.

Son dietas pobres en PROTEÍNAS las vegeta-
rianas en las que solo se toman frutas y verduras;
estas son más difíciles de equilibrar que las omní-
voras, pero hay personas que pueden llevarlas
bien tomando soja, almendras, huevos, quesos,
nueces, avellanas y legumbres en general.

También son incorrectas las de los que hacen
un desayuno a base de un café con leche y churros,
porras, medias lunas, mantequilla y mermelada
con bollería o pan; esa costumbre tan arraigada en
nuestro país ha de modificarse añadiendo a esa
primera comida del día fruta fresca o zumo de
cítricos y huevo, jamón, quesos, atún..., es decir,
alimentos proteícos.

La comida con unos 100 a 150 gramos de carnes o 150-180 de pescados es suficiente; la cantidad de estos alimentos está en función de la esta-
tura fundamentalmente, ya que en gran parte
están destinados a la reparación de tejidos.

Y en la cena siempre con algo de pescado cuando llegamos a esa media edad en la que hay que

pensar en la prevención del exceso de colesterol y triglicéridos.

No voy a insistir en la explicación del porqué de la disminución del MAGNESIO en los alimentos actuales; sepan que el desequilibrio introducido por el abonado químico en lo que atañe a este elemento puede compensarse comiendo mucho cacao, chocolate, almendras, soja, nueces, cacahuetes, avellanas, legumbres y cereales enteros; pero, normalmente, en lugar de dar esta solución se recomienda comer lo habitual o lo recomendado en caso de seguirse una dieta y añadir un suplemento de magnesio iónico (como óxido, hidróxido, cloruro, carbonato, lactato, etc.) cuando se tienen síntomas de una deficiencia acusada como hormigueos, calambres, espasmos, taquicardias, extrasístoles en los llamados «falsos cardiacos»... En fin, los síntomas explicados en el capítulo dedicado a este nutriente.

Y la vitamina C puede faltar en aquellas personas que por tener hiperacidez, úlcera duodenal, gastritis o problemas de ese tipo han excluido los cítricos de su dieta. Les recomiendo que los tomen al empezar las comidas o entre dos platos en forma de zumo y neutralizados con carbonato de magnesio.

También coman tomates y quivis.

Menopausia

—— ◆ ——

Una vez cumplidos los cuarenta, es muy corriente que, comiendo lo mismo, las mujeres (y también muchos hombres) empecemos a engordar. Es un hecho normal, hasta el punto que en Norteamérica, que es el país más proclive a las estadísticas, han quitado la penalización en los seguros de vida —que en realidad son de muerte— que tenían las pólizas de las personas que sobrepasaban el que se consideraba el peso ideal desde el punto de vista de la salud y se admiten seis kilos más en las mujeres que llegan a la cincuentena y diez en los varones. Han llegado a la conclusión en las empresas de seguros, que hilan muy fino en cuanto a sus datos, de que seis kilos considerados como sobrepeso no lo son a partir de la mediana edad, y que las mujeres en esa época de su vida viven más, con mejor salud y más alegres con esos seis kilos sobre los habituales que amargadas por una dieta constante y muy estricta que, si no la siguen, enseguida engordan. La vida de estas personas obsesionadas por su peso es un drama que conlleva a veces depresiones y trastornos psíquicos, ya que además en la sociedad moderna se bombardea a la gente con una información incorrecta movida por los intereses de ciertas empresas. Esa que yo llamo «desinformación» les inculca la idea de que, además de su aspecto, su salud exige que se mantengan delgadas a cualquier edad, y eso a partir de la cincuentena es una falacia, pues, insisto, se admiten como naturales, normales y saludables, por lo tanto, unos seis kilos que en la menopausia no son un sobrepeso, sino que entran en el admitido para esa edad.

Influidas por el ambiente, casi todas las mujeres quieren seguir en los kilos de su juventud y para ello comienzan las dietas sin grasas, de lácteos descremados, sin chocolate ni almendras, sin vísceras... y pasan con un cortado por la mañana que repiten a las once «para poder tirar»..., una comida sencilla con carnes a la plancha y una cena a veces más que sencilla, claramente insuficiente. En consecuencia, se encuentran cansadas, tristes, deprimidas, con dolores de una artrosis que comienza o empeora con la dieta y el estrés que les produce esa alimentación tan aburrida, más los problemas que a veces se dan en esa época de la vida: un marido que le presta poca atención, unos hijos que se van y se acuerdan poco de la madre que vivió veinte o más años de su vida pendiente de ellos y sus menores deseos... Total, que a la frustación de la parte emocional se añade la material de no poder comer o «picar» sin un remordimiento de conciencia. En resumen, es triste pero muy frecuente conocer a mujeres obsesionadas por su línea, mal alimentadas, con un estrés que exige un aporte mayor de determinados nutrientes, principalmente aminoácidos, fósforo y magnesio y complejo B, y, sin embargo, las dietas que les han recomendado o ellas mismas se han impuesto las han casi barrido de su vida.

A veces llega un momento que sienten verdadera «necesidad» de comer chocolate, pero cuando lo toman les queda la amargura de no haber tenido fuerza de voluntad para resistirse a ese impulso y aumenta su estrés con esa sensación de culpabilidad...

En fin, que entre las dietas y las descargas de adrenalina que sufren como consecuencia de un ambiente poco propicio a la tranquilidad y relax, estas mujeres suelen tener deficiencias de vitaminas D, complejo B, magnesio, fósforo y también de proteínas en muchos casos, nutrientes que, como hemos visto en este libro, son indispensables en la formación del colágeno y posterior calcificación del mismo en el hueso.

En los hombres, la obsesión por la línea no suele ser tan acusada, y además, como muchos comen fuera de casa, se «pasan». Sin embargo, he visto muchos casos de varones con descalcificación, y en bastantes de entre ellos, en parte al menos, podría achacarse a la falta de vitamina C.

Por eso es por lo que a veces se cree que la menopausia conduce a la descalcificación; no, son las dietas a las que primordialmente se les deben achacar muchísimos problemas de osteoporosis.

Porque no tiene sentido eso que se está haciendo con algunas mujeres, que es «prepararlas» en la menopausia con tratamientos de estrógenos, ya que he leído en varias revistas científicas que está demostrado que la administración de los mismos aumenta los riesgos de cáncer de mama, según trabajos realizados por médicos norteamericanos y suecos (*Sciencie et Vie*, número 866, noviembre 1989), y según otros datos está demostrado estadísticamente que las mujeres así medicadas presentan alrededor de un 30 por 100 más de casos de cáncer de mama y útero que las que no han tomado hormonas.

Es más, en la revista *NPQ* (Noticias para químicos) que publica el Colegio de Barcelona de estos profesionales, en el número 321 correspondiente al mes de abril de 1990, a los agentes cancerígenos se les clasifica como «Probados», «Probables» y «Posibles». Pues entre los probados figuran los:

— Estrógenos, terapia de sustitución.
— Estrógenos esteroides.

Además, si esto fuera cierto, es decir, que la falta de hormonas femeninas causara la fragilidad de los huesos, como digo en la portada, los hombres estarían con el esqueleto lleno de fracturas. Por otra parte, recientemente se ha descubierto, y esto es definitivo, que las células de los huesos no poseen receptores de estrógenos, lo que indica que estas hormonas nada tienen que ver con la neoformación ósea y, en consecuencia, su falta no puede conducir a la osteoporosis.

Por lo tanto, es una falacia decir a una mujer que si no se pone «parches» o toma estrógenos va a tener roturas de huesos como consecuencia de una osteoporosis.

Descalcificación y arteriosclerosis

Vasos y válvulas calcificadas

———— ◆ ————

C UANDO se contemplan radiografías de personas con descalcificación, además de apreciar las vértebras aplastadas y los huesos poco consistentes, se observa una nube blanquecina en el tejido muscular, es decir, se aprecia la forma de los brazos, muslos, pechos, etc., y asimismo una notable calcificación de las tuberías como arterias y bronquios.

Muchas de estas personas, sin haber tenido nunca exceso de colesterol ni triglicéridos, se quejan de una notable pérdida de audición y visión que está motivada por una arteriosclerosis por calcio. Es decir, el endurecimiento de los vasos se debe a que se han calcificado porque hay un exceso de este elemento circulante, y como la mayoría de las sales del mismo son insolubles, se encuentran incrustaciones de las mismas en todos los tejidos.

Téngase en cuenta que además del fosfato tricálcico, y los fosfatos básicos, son también poco solubles los carbonatos, los palmitatos y estearatos; en estos casos también es relativamente frecuente la calcificación de las válvulas cardiacas y los problemas que esto conlleva en el funcionamiento del corazón.

Hay que tener presente que el 99 por 100 del calcio total de nuestro cuerpo debe estar en los huesos; si no es así, hay un exceso del mismo libre en la sangre, que se va a depositar en toda clase de tejidos, y singularmente en las arterias y bronquios.

Descalcificación
y artrosis

———— ◆ ————

CUANDO LA DESCALCIFICACIÓN se produce por deficiencia de vitamina D, no tiene por que apreciarse una artrosis. Sería el caso de las personas que toman todo desnatado y evitan las grasas animales, o el de aquellas que se ayudan para obrar con laxantes de aceite de parafina.

Ahora bien, cuando la descalcificación está motivada por la falta de proteínas, de fósforo, de magnesio o de vitamina C, entonces y a la vez hay una artrosis tanto más avanzada cuanto mayor sea la deficiencia de alguno de estos nutrientes y también cuanto más tiempo dure la misma.

Recuerden que para que el fosfato cálcico pueda endurecer el hueso, este tiene que fabricar el soporte del mismo que es el colágeno, es decir, una proteína que también es el constituyente esencial de los cartílagos, tendones, parte viva del diente, y que se encuentra a la vez en gran medida en los vasos sanguíneos, encías y bajo la piel.

Por ello, la no formación de colágeno en la cantidad deseable, sea porque faltan proteínas o fósforo o magnesio o vitamina C, insisto, tiene también una repercusión negativa en el «turnover» de los colágenos, y al no repararse el deterioro de los mismos en las articulaciones, conduce a la artrosis. Les recuerdo que este problema da manifestaciones como dolor, crujidos intraarticulares, limitación del movimiento y, en ciertos casos, inflamación.

El cansancio, los calambres y hormigueos, las arritmias, etc., en las personas que los tienen, no los produce la artrosis, sino la deficiencia de magnesio, que es muy corriente —en contra de lo que creen algunos médicos todavía— en las personas de los países que utilizan el abonado químico preferentemente. En U.S.A. se ha estudiado el tema, y hay un setenta y tantos por ciento de la población con déficit de este elemento, y entre ellos un 35 por 100 reciben menos de la mitad de la cantidad recomendada que debe ingerirse a diario.

Los «despistes», la falta de memoria, de atención y retención también pueden achacarse a la disminución de la ingesta de los alimentos ricos en lecitina, como sesos, yemas de huevo y vísceras. Por ello, se ha generalizado tanto el complementar la dieta con lecitina de soja.

Y no nos dejemos la vitamina C, tan fácil de tomar y, sin embargo, olvidada por muchos hombres, sobre todo en nuestro país, tan pródigo en frutas y alimentos que nos la ofrecen.

Y como les dije, tomen alimentos proteicos en las tres comidas del día.

En mi niñez y juventud veíamos hombres que se ayudaban para andar con un bastón porque se habían lesionado en algún accidente laboral, y también los que habían resultado heridos en la guerra civil del año 36. También en su vejez, tenían que llevar bastón las personas con «genu varum», es decir, aquellas que tenían torcidas las piernas en paréntesis, o sea como si hubieran montado mucho a caballo; a estos hombres y mujeres, en aquel tiempo se les torcían las piernas, generalmente, porque sus madres no tenían suficiente leche para criarlos y tenían una ama de cría que amamantaba a su hijo y al otro a la vez, o que se ponían a alimentar a un niño o niña después de haber criado al suyo. Entonces no se encontraban leches maternizadas y muchos bebés no toleraban la leche de vaca, por lo que enseguida se les empezaba a dar sopitas de pan, y al ser pobre en fósforo y calcio su alimentación, no endurecían los huesos, por lo que al empezar a andar se les torcían y, en consecuencia, toda su vida trabajaba mal la articulación de las rodillas fundamentalmente, con lo que en las mismas se producía un desgaste irregular que juntaba la parte externa de los cartílagos y boqueaba la interior; este proceso era constante e irreversible, por lo que si llegaban a la ancianidad, estas personas debían apoyarse en un bastón.

Lo que ahora sucede es muy distinto; observen en la calle y verán lo que nunca habíamos visto hasta el momento actual. Hay una gran cantidad de mujeres que desde la cincuentena vemos con bastones, bien sea por un desgaste de caderas o de rodillas; también en varones, pero es extraordinariamente llamativo el que se vean más mujeres con muletas que hombres, que es algo que los que tenemos sesenta o más años no habíamos encontrado nunca en nuestra juventud. Y lo mismo se da en las clases pudientes que en las que tienen menor poder adquisitivo.

Hace unos meses pasaba delante de una iglesia céntrica en un día laborable y me encontré con una serie de señoras que salían de una misa que se celebra pasado el mediodía. Conté que de siete que pasaron delante de mí, cuatro —CUATRO— llevaban bastón. Estas personas eran pudientes y a alguna le esperaba un chófer para llevarla en su coche a casa; además, el hecho de que antes de comer pudieran estar en la iglesia indica que alguien les hacía las faenas y preparaba la comida. Pues insisto, hace treinta o cuarenta años no veíamos señoras con bastón entre las personas que podían alimentarse bien.

Eso significa que «algo» ha sucedido en estos últimos treinta o cuarenta años en la dieta, que conduce a este sinnúmero de personas artrósicas, personas que en teoría se alimentan bien. Y es que, aparte de la obsesión por adelgazar que tienen muchas mujeres, y en contra de lo que dicen algunos, que además me llaman «indocumentada», les puedo asegurar que la mayoría de estas personas medio inválidas tienen falta de magnesio y muy frecuentemente desayunan mal.

Descalcificación y deterioro de tendones, vasos sanguíneos y encías

———— ◆ ————

S I UNA PERSONA no forma colágeno en la medida correcta, además de los problemas ya explicados, suele tener un debilitamiento de los tendones, que son como cintas o cordones fibrosos constituidos por tejido conjuntivo, por los que los músculos se insertan en los huesos u otros órganos. En ellos los cordones de colágeno se sitúan en haces paralelos para la transmisión de energía y soportar elevados esfuerzos de tracción.

La debilidad de los tendones se manifiesta en torceduras de los tobillos y escoliosis en la columna, y en que un esfuerzo con un brazo, por ejemplo, se traduce en un «tirón» doloroso que no remite fácilmente.

Una maestra de Valencia me decía hace poco tiempo que en sus años de trato con los muchachos nunca había visto como ahora tantos chicos con problemas de huesos y tendones, que en muchos casos habrán de traducirse en operaciones, yesos y muletas.

Y el presidente de un club de rugby del País Vasco me decía textualmente en una carta: «Soy presidente de un pequeño club de rugby y vengo observando con preocupación en los últimos años cómo las nuevas generaciones que se van incorporando a nuestra práctica deportiva son los que mayores lesiones tienen y son a la vez las más graves (rotura de fibras, clavículas, tíbia y peroné). Cada vez estoy más convencido de que es un problema de tipo alimentario y así se lo he hecho saber a los padres de estos jóvenes...».

También podemos contemplar en los futbolistas y profesionales del deporte el sinnúmero de lesiones de huesos, cartílagos y tendones que sufren y que a muchos les llega a inhabilitar para seguir en la práctica del mismo.

Pues bien, en estos casos de muchachos jóvenes descartamos la falta de vitamina D porque la misma práctica de los deportes les permite tomar el sol, y además están tomando en general un exceso de grasas animales, como expliqué en mi libro *Colesterol y alimentación*, hasta el punto de que tenemos en nuestro país los niños y jóvenes con la tasa de colesterol más alta de la Comunidad Europea.

Es, pues, la formación de colágeno la que falla, y repito lo de siempre: esta proteína para que se forme, como todas, necesita aminoácidos, fósforo, magnesio y además vitamina C.

Si falta esta, no se fabrica en las cantidades necesarias; por ello insisto tanto en que debe instaurarse en todos los hogares la costumbre de empezar los desayunos con cítricos o zumo de cítricos. Y luego hay que tomar tortilla, o huevo, o jamón, o lomo, o quesos, o atún..., es decir, un alimento proteico.

Cuando los chicos se despiertan cansados, o se cansan más de lo normal, o tienen calambres u hormigueos, o sienten que late un párpado, o sueñan en voz alta, o tienen pinchazos en el pecho, o dicen que «les duele el corazón», estando sentados o en la cama, y tienen arritmias, pueden estar seguros de que tienen una deficiencia de magnesio. Si les hacen un análisis de sangre, la cantidad correcta es de 2,2 a 2,6 miligramos/100 centímetros cúbicos o 2 miliequivalentes o 1 milimol, según estén expresados en unas u otras unidades.

Y cuando explican que se están volviendo «despistados», que no retienen, o que las lecciones no les «entran» y eran chicos que llevaban bien los estudios, denles además lecitina de soja, que es la mejor manera de añadir fósforo a su dieta.

Cuando el problema continúa, se rompen con facilidad los vasos sanguíneos y aparecen moratones con pequeños golpes, sobre todo en las mujeres, y sangran con facilidad las encías.

Todos estos síntomas son manifestaciones de un mismo problema, «no se fabrica o no se regenera el colágeno de los tendones, vasos y encías en la medida debida».

Descalcificación
y piedras en el riñón

◆

DEL APROXIMADAMENTE kilo y cuarto de calcio que hay en los humanos, el 99 por 100 debe estar retenido por el tejido óseo y solo deben quedar unos 12 gramos de calcio en la sangre y tejidos blandos, como he dicho anteriormente; pero si los huesos han perdido la propiedad de fijar este elemento en los mismos, hay más calcio circulante y, al aumentar la proporción del mismo, el riñón debe eliminarlo en la orina.

Ahora bien, cuando aumenta la concentración de un elemento que puede formar sales insolubles, como es el caso del calcio, que forma concreciones con los oxalatos, fosfatos y uratos, por el efecto llamado del «ión común», se forman con mucha mayor facilidad arenillas y piedras en el riñón, problema que se agrava cuando a la persona que tiene osteoporosis (y no fabrica colágeno) se le dan suplementos de calcio que, como ustedes supondrán después de todo lo que venimos diciendo, solo pueden complicar el problema.

Corticoides
y descalcificación

◆

NOS HEMOS ACOSTUMBRADO a ver personas a las que, por una artrosis, se les ha dado por vía oral, intramuscular o en infiltraciones, corticoides, cuyos efectos les voy a enumerar transcribiendo párrafos de Bioquímica recientes.

«Los glucocorticoides estimulan la gluconeogénesis (es decir, la formación de glucosa, e incrementan el depósito de glucógeno en el hígado), activando la proteolisis, es decir, la destrucción de proteínas.

Los mineralcorticoides influyen en el transporte de electrolitos favoreciendo la retención de sodio y la excreción de potasio e iones hidrógeno en particular en el riñón.

Se metabolizan unos y otros en el hígado fundamentalmente y se excretan con la orina, las heces y el sudor.

Los glucocorticoides, por lo general, tienen efectos anabólicos constructivos sobre el metabolismo proteico del hígado y catabólicos o destructivos en otros sitios, incluyendo *músculo, piel y hueso*. También producen efectos negativos sobre los mecanismos de defensa porque las concentraciones altas de glucocorticoides deprimen la respuesta inmunitaria, ya que destruyen a los linfocitos e inhiben la producción de anticuerpos por los linfocitos B y las funciones de los linfocitos T. Estos efectos suelen darse en enfermedades autoinmunitarias o para impedir el rechazo de trasplantes.

Los glucocorticoides suprimen la respuesta inflamatoria, y esta es la base para el principal uso terapéutico de esta clase de hormonas; también con ello impiden la acumulación de leucocitos en el sitio de la inflamación y evitar así que las sustancias que intervienen en la respuesta inflamatoria sean liberadas.

Ahora bien, estas hormonas inhiben a la vez la proliferación de fibroblastos en el sitio de una respuesta inflamatoria y también algunas funciones fibroblásticas como la formación de colágeno y fibronectina. (Los fibroblastos son las células que fabrican el colágeno entre otras sustancias.)

La combinación de estos efectos explica que los pacientes a los que se les ha administrado presentan una respuesta inflamatoria amortiguada, pero también una curación deficiente de las heridas, un aumento de la susceptibilidad a la infección y una inhibición en la neoformación de colágeno con la consiguiente descalcificación, empeoramiento de la artrosis, debilitamiento de los tendones, fragilidad de los vasos sanguíneos y deterioro de las encías.

Interfieren además en el metabolismo del calcio, pues reducen su absorción intestinal al parecer porque se inhibe la formación del calcitriol o vitamina D, y también porque disminuyen la resorción renal del calcio, promoviendo además el paso del calcio del líquido extracelular al interior de la célula.

Bioquímica de Harper, Edición de 1986.

Si han seguido atentamente este capítulo, habrán podido darse cuenta de que los corticoides perjudican la deposición del calcio en los huesos de dos formas: impidiendo la correcta formación del soporte del mismo, el colágeno, y también por la inhibición en la formación de la forma activa de la vitamina D que, al parecer, se produce en el paso de la 25-hidroxilación para formar el 1-25-dihidroxicalciferol o calcitriol.

Al influir negativamente en la calcificación del hueso porque falla la reacción química que permite fabricar la forma activa de la vitamina D, y a la vez en la formación del colágeno, que es la sustancia que lo soporta, las descalcificaciones en pacientes tratados con corticoides son de las más graves que podemos encontrar en nuestro trabajo.

Y, a pesar de ello, se siguen recomendando a muchísimas personas con artrosis, a sabiendas de que no van a ejercer ningún beneficio sobre el desgaste de los cartílagos y que van a tener efectos yatrogénicos causando problemas sobre hígado, páncreas, riñón, estómago, intestino y *agravando* el problema inicial, la artrosis, con su acción negativa sobre la formación de colágeno tanto del cartílago como sobre el hueso.

En el libro *Reumatología clínica*, del doctor Borrachero del Campo, en el capítulo que se refiere al tratamiento de la artrosis dice:

La terapia prolongada de la artrosis con corticosteroideos por vía oral, está contraindicada en cualquier caso. El peligro de sus graves efectos secundarios no guarda proporción con la mera acción sintomática que en la artrosis reporta.

No olvidemos que los corticosteroideos pueden influir en la síntesis de los mucopolisacáridos y acentuar el proceso destructivo artrósico.

También las infiltraciones con corticoides afectan y gravemente en ocasiones los huesos y cartílagos. Yo guardo un informe relativo a una paciente de 52 años en el que, en relación con aquella mujer afectada de artrosis en ambas rodillas, el traumatólogo escribe: «En la actualidad existe una pérdida de alineación en las superficies articulares, acusada destrucción de cartílago y osteofitosis. Es probable que una serie de inyecciones intraarticulares administradas en el año... hayan favorecido este acusado deterioro articular». Y más abajo continúa... «Ha de ser tratada con analgésicos simples, sin emplear preparados "cóctel" que contienen esteroides, que se hallan contraindicados».

De hecho, a sus familiares los médicos solo les recomiendan: reposo, calor, ciertos ejercicios a veces en piscinas climatizadas y los analgésicos «de toda la vida». Y algunos doctores jóvenes, añaden magnesio; pero, por lo que me explican los pacientes, aún no dan suficiente importancia a la alimentación, aunque los mismos sean miembros de su propia familia, cuando esta es fundamental. Y ello hasta el punto de que si con la misma pudiéramos tomar suficiente cantidad de este elemento como asimismo de fósforo, no habría que dar ningún complemento mineral para mejorar los cartílagos en los procesos de artrosis y descalcificación, aunque sí vitamina D para este último problema, cuando no se toman grasas animales en la dieta.

Resumiendo

———— ◆ ————

La descalcificación del esqueleto obedece fundamentalmente a dos esquemas:

UNO

Que la persona no forma en la medida debida COLÁGENO, que es la proteína fundamental del hueso (antes la llamábamos «osteína» cuando aún no conocíamos su composición exacta). El colágeno es indispensable para la deposición de los cristales de fosfato cálcico, que son un compuesto insoluble y que por lo tanto proporciona la rigidez y resistencia de los huesos.

Cuando la descalcificación se debe fundamentalmente a este problema, se llama «osteoporosis», y hay otros trastornos en el individuo, pues al ser el colágeno la proteína más abundante en el esqueleto en los cartílagos, tendones, encías y paredes de los vasos sanguíneos, los pacientes, además del achatamiento de las vértebras y la fragilidad de los huesos, padecen artrosis, debilidad de los tendones, encías que sangran con facilidad y a veces hematomas en piernas y brazos, sobre todo las mujeres.

También surgen otros trastornos al fallar la reposición de los colágenos en la matriz orgánica del hueso, y son la calcificación de los vasos sanguíneos y de las válvulas del corazón, apareciendo también unas indeseables deposiciones de calcio en todo tipo de tejidos blandos como en los oídos, produciendo ruidos, y en los riñones, con la típica excreción de cristales de oxalato cálcico en la orina o arenillas, e incluso la formación de piedras que, normalmente, en el inicio son de oxalatos, sobre los que se han ido depositando fosfatos e incluso uratos de calcio.

En estas mismas personas se observan los bronquios calcificados y los pulmones blanquecinos, y es que como el 99 por 100 del calcio total del cuerpo humano debe depositarse en los huesos, si no lo hace, aparece un exceso de este elemento en todos los tejidos, ya que la mayoría de sus sales, como los palmitatos, estearatos, carbonatos, etc., son insolubles o muy poco solubles en los medios acuosos.

¿Cómo evitar este problema? Alimentándose de manera que no falten en la dieta las proteínas, el fósforo, el magnesio y la vitamina C, que son los nutrientes que en mayor medida se necesitan en la regeneración de los colágenos.

Es evidente que también se debe aportar calcio; para ello basta con tomar lácteos como leche, yogures, cuajada, quesos... También son ricos en calcio la soja y la leche de esta semilla, las legumbres y las almendras.

En cuanto al fósforo, los alimentos que nos lo ofrecen en mayor medida son los sesos, las yemas de huevo, las vísceras y los mariscos, junto con ciertas semillas, como las almendras, nueces, avellanas y las legumbres.

En la actualidad no recomendamos, como se hacía antes, el que se tomen muchas yemas de huevo, sesos y vísceras, y menos a personas de cierta edad, pues estos alimentos son muy ricos en colesterol y pueden ocasionar una elevación del ácido úrico, sino que complementen su dieta con lecitina de soja.

Pero no olviden que el problema de la osteoporosis consiste en una rarefacción del hueso con pérdida de materia orgánica, es decir, de COLÁGENO, que constituye la parte flexible del mismo y le permite resistir las presiones y deformaciones sin romperse.

A la vez, es el lugar donde se deposita el fosfato cálcico, o materia mineral que le proporciona dureza y rigidez, y así sostienen el peso del cuerpo y mantienen su forma; evidentemente, si no reparamos el colágeno que se destruye en el hueso, faltará el soporte de las sales cálcicas, por lo que también hay una disminución de calcio en el esqueleto; pero insisto, no es la falta de minerales lo que vuelve el hueso frágil, sino la de colágeno.

DOS

Pero lo que hay que recordar, llegados a este punto, es que la vitamina D es indispensable para la absorción y fijación del calcio en el hueso, y hemos tocado ahora un hecho conflictivo, porque las dietas pobres en grasas de origen animal, es decir, sin tocino, sebos, mantequilla, con la leche y los yogures desnatados, tienen carencia de vitamina D y también de A.

Para compensarla, al que le sea posible, le bastará con tomar el sol durante una hora diaria en bañador para suplir la vitamina D, y comer zanahoria cruda o cocida para la vitamina A.

Pero el que no puede, por el clima o por sus ocupaciones, dedicar una hora diaria a ello, puede tomar aceite de hígado de bacalao —que encontrará en perlas—, y, cuando le sea posible, sabe que con la exposición al sol le basta para la vitamina D.

Puede suceder, y yo me he encontrado con algún caso muy llamativo por cierto, que con una alimentación correcta el consumo de laxantes preparados con aceite de parafina, desequilibre los nutrientes que toma la persona, pues este aceite mineral arrastra las vitaminas liposolubles, y entre ellas la D; cuando la paciente, que tenía una descalcificación acusadísima sin artrosis y con una dieta equilibrada, me señaló que desde joven estaba tomando aceite de parafina para regular sus evacuaciones, entendí perfectamente aquel sinsentido en apariencia de unas vértebras aplastadas, una descalcificación generalizada y los cartílagos prácticamente correctos con una alimentación compensada.

Este problema se conoce con el nombre de «osteomalacia»; es decir, la falta de calcio en el esqueleto por falta de vitamina D era muy frecuente entre las mujeres musulmanas, que no tomaban y no toman grasas animales, y además como su religión les obliga a ir tan tapadas, no pueden aprovechar la acción de la luz solar en la piel para fabricar en la misma esa vitamina. En la actualidad compensan este problema tomando aceite de hígado de bacalao en perlas que en gran cantidad compran en Canarias los llamados «hombres azules» del desierto.

Es cierto que en la fijación y liberación del calcio por parte del hueso intervienen además dos hormonas: la calcitonina y la parthormona, pero según Clark T. Sawin, aunque se han buscado, no se han encontrado deficiencias de calcitonina, sino más bien excesos en las personas con «osteopetrosis», y de la parathormona solo con enfermedades de las paratiroides.

Pero normalmente estos problemas metabólicos, como son la artrosis y la descalcificación, obedecen a desequilibrios alimentarios y no a problemas hormonales.

Téngase en cuenta que encontramos osteoporosis en jóvenes, sobre todo muchachas, con veinte años. Que los deportistas nunca habían tenido tantas y tan graves lesiones, y que el problema no está limitado a los humanos; los pollos, terneros y toros están dañados con osteoporosis y artrosis, y esta generalización del problema de la no formación en la medida correcta de colágenos indica una carencia muy generalizada que se ha producido o agravado en la segunda mitad del siglo XX, y que,

como hago notar, no es específica de los humanos,
sino que animales domésticos como los perros y los
antes citados, que también la padecen, siendo lo
más notable que no solo los de granja, que podemos suponer padecen un estrés debido a su haci-
namiento, sino los toros de lidia, que se caen,
salen cojos a la arena, habiéndose visto nada
menos que en Madrid devolver cuatro toros a los
corrales en una misma tarde.

(Para más información, lean los libros *El magnesio* y *La artrosis y su solución*).

Glosario

—— ◆ ——

Ácidos grasos esenciales

Son aquellos que nuestro organismo no puede fabricar y hemos de tomarlos en los alimentos ya hechos. El más importante es el ácido linoleico, que tiene 18 átomos de carbono y dos enlaces insaturados. Nuestro cuerpo forma con ellos unas sustancias denominadas prostaglandinas.

ADN o ácido desoxirribonucleico

Es el compuesto que se encuentra en el núcleo celular y que encierra el código genético en una especie de lenguaje cifrado, encerrado en la secuencia de bases púricas y pirimídicas del mismo. Cada tres de estas bases codifican un determinado aminoácido; como el orden y proporción en que estos entran en una determinada proteína está regido por estos tripletes de bases o «codones», el ADN es el que ordena cómo serán nuestros prótidos y, en realidad, todo nuestro cuerpo.

Albuminoides

Nombre con el que antiguamente se designaba a los prótidos o proteínas.

Almidón

Molécula compleja formada por la agrupación de millares de moléculas de glucosa que quedan liberadas al final de la digestión del mismo. Es un glúcido, y nos suministra 4 calorías por gramo.

Aminoácidos

Moléculas relativamente sencillas, capaces de atravesar la pared intestinal y las membranas celulares. Encadenados forman los prótidos o proteínas; siendo veinte los constituyentes de los prótidos de todos los seres vivos.

ARN transferidores

Son unos ácidos ribonucleicos que tienen un trozo, llamado «anticodón», que reconoce al triplete de bases, o «codón», del ARN mensajero que codifica un aminoácido determinado, el cual, si está unido al tARN, este lo cederá en la formación de la cadena proteínica.

Arteriosclerosis

Arterias endurecidas por ateromas de grasas saturadas y colesterol, calcificados.

Ateromas

Depósitos de lípidos (grasas y colesterol) y coagulitos de sangre.

ATP o Adenosin trifosfato

Molécula de «alta energía» necesaria en todos los procesos bioquímicos en los que se realiza trabajo, tales como el transporte activo a través de membranas celulares contra un gradiente de concentración, o en las biosíntesis, es decir, en la fabricación de sustancias complejas por los seres vivos. Estas moléculas suelen estar formando complejos con iones magnesio.

Bilis

Secreción del hígado. Ayuda a hacer la digestión de las grasas.

Biocatalizador

Sustancia que aumenta la velocidad de una reacción química de los seres vivos.

Caloría

Unidad de cantidad de calor. Calor necesario para elevar un grado la temperatura de un gramo de agua.

Carbohidratos

Nombre que antes se daba a los glúcidos. También es lo mismo que hidratos de carbono. Alimentos energéticos que suministran 4 calorías por gramo.

Carencia

Falta de algún alimento. Las primeras carencias que se descubrieron fueron las de ciertas vitaminas. Si la carencia no es muy grave, se llama subcarencia o deficiencia.

Caroteno

Sustancia que se encuentra en los vegetales, a partir de la cual podemos acabar de formar en nuestro organismo vitamina A. Es, por ello, una «provitamina».

Caseína

Proteína que se encuentra en la leche junto a la lactoalbúmina y la lactoglobulina, que son también proteínas.

Catalizadores

Sustancias que hacen aumentar la velocidad de las reacciones químicas.

Coenzima

Los biocatalizadores son enzimas formadas por una proteína y un coenzima que suele ser una vitamina o un mineral.

Colágena

Es una proteína muy abundante en nuestro cuerpo, que entra en la composición de los cartílagos, los tendones y los tejidos que unen los órganos unos con otros y los tejidos unos con otros. Ella sola constituye más de un tercio de la proteína total de nuestro organismo.

Colesterol

Lípido que se encuentra en las membranas celulares, en la vaina de mielina del tejido nervioso y en la bilis, de donde a veces se deposita formando cálculos en la vesícula biliar. También forma depósitos en las paredes vasculares junto con grasas sólidas. El organismo se sirve de la colesterina para formar los ácidos biliares, hormonas de las cápsulas suprarrenales, hormonas sexuales y vitamina D.

Deficiencia

Falta de algún alimento. Si es grave, se llama carencia; si no, deficiencia o subcarencia.

Dieta

Suele entenderse como el régimen especial de comida que se impone a una persona determinada, para corregir un desequilibrio funcional o en una enfermedad. También puede entenderse como los alimentos que toma una persona.

Digestión

Serie de procesos fisioquímicos que sufren los alimentos a fin de transformarlos en sustancias más sencillas que puedan ser absorbidas por la mucosa intestinal.

En la digestión de los glúcidos se obtiene glucosa; en la de las grasas, glicerol (o glicerina) y ácidos grasos, y en la de los prótidos, aminoácidos.

Enzima

Biocatalizador.

Ergosterol

Sustancia que se encuentra en los vegetales que nuestro cuerpo puede transformar en vitamina D por la acción de los rayos ultravioleta.

Esencial

Que al no poder fabricarlo nuestro cuerpo, hemos de tomarlo hecho de los alimentos.

Gástrico

Del estómago.

Glucógeno

Llamado también almidón animal, es fabricado por el hígado con glucosa. Es una sustancia de reserva que libera la glucosa cuando baja la tasa de esta en la sangre.

Glucosa

Azúcar que se encuentra en la uva, en las frutas y la miel, que forma parte de los azúcares más complejos y es el constituyente del almidón que tomamos en las féculas y harinas, que es una sustancia de reserva de los vegetales. Las plantas, también con glucosa, fabrican celulosa, que es una sustancia que sirve para engrosar las paredes celulares sirviendo para ellas de sostén. La celulosa, a diferencia del almidón, no es digerible por los humanos y logra ayudar a una evacuación regular corrigiendo el extreñimiento.

Grasas insaturadas

Aquellas en las que abundan ácidos grasos con dobles enlaces; suelen ser líquidos y les llamamos aceites.

Grasas saturadas

Las ricas en ácidos grasos saturados (sin dobles enlaces); resultan ser espesas o sólidas a la temperatura ordinaria, y más o menos coinciden con las de origen animal. Los aceites de palma y coco, aun siendo vegetales, son saturados, y también la manteca de cacao.

Iones

Átomos o grupos de átomos con carga eléctrica; los iones del magnesio, por ejemplo, son átomos de este elemento que, por pérdida de dos electrones, tiene cargas positivas.

Lactasa

Azúcar de la leche; en el yogur, por la acción de ciertas bacterias, se convierte en ácido láctico.

Lípidos

Grupo de sustancias, miscibles entre sí, entre las que se encuentran las grasas y las esterinas, y entre estas se halla el colesterol.

Lisina

Aminoácido esencial en el que es pobre el trigo.

M-ARN o ácido ribonucleico mensajero

Cuando las células han de formar una proteína determinada, ciertos enzimas hacen que el ADN se desenrosque en el segmento que la codifica y se forma el ARN mensajero, que es como una cinta que lleva transcrito el mensaje del ADN que indica cuáles son los aminoácidos y en qué orden deben estar colocados para formar la proteína que se necesita.

Metionina

Aminoácido esencial que falta en la harina de maíz.

Neurotransmisores

Sustancias que permiten el paso de la corriente nerviosa entre las neuronas o células nerviosas.

Precursores

Sustancias a partir de las cuales nuestro organismo forma otras que le son necesarias.

Ribosomas

Lugares del citoplasma celular en el que formamos las proteínas. Consta de dos partes o subunidades que se acoplan cuando llega el ARN mensajero con el código de la proteína que se va a formar. Si no hay una concentración determinada de cloruro magnésico en el interior celular, las dos subunidades ribosómicas se desacoplan y no puede formarse la proteína.

Saturado

Cuando los ácidos grasos no tienen dobles enlaces se llaman saturados, y las grasas en las que estos abundan, saturadas. Son sólidas o pastosas a la temperatura ordinaria y pueden formar depósitos en las paredes de los vasos sanguíneos, obstruyéndolos y dificultando con ello el paso de la sangre. Más o menos coinciden con las de origen animal, exceptuándose los aceites de pescado, que suelen ser insaturados.

Subcarencia

Falta de un elemento necesario en la dieta; se le llama también deficiencia. Cuando la deficiencia es grave, se le llama carencia.

Apéndice

Tablas de composición de alimentos

ALIMENTO	CALCIO	MAGNESIO	HIERRO	FÓSFORO
	(Miligramos por 100 gramos de alimento)			
CEREALES Y DERIVADOS				
Arroz hervido	4	4,4	0,18	34
Arroz en paella	2,8	10	0,33	65
Copos avena	55	124	4,12	368
Cebada hervida	3,4	6,8	0,23	70
Maíz grano	21	82	3,6	258
Copos trigo	42	140	5,2	340
Macarrones cocidos	6,7	17,6	0,45	47
Pan de centeno	21	26	0,89	110
Pan de diabético	12,3	61	1,78	89,1
Pan de trigo integral	65	80	2,8	211
Pan de trigo moreno	17,2	52,3	2,1	158
Pan de trigo blanco	38	25	1,43	76
Pan de trigo biscotes	13,5	19,5	1,7	82
Pan de trigo frito	10,1	14,5	1,27	61
Pan de Viena	19	0	1,2	52
Buñuelos fritos	69	0	0,6	276
Galletas	45,4	14,3	1,24	41
Harina soja	233	235	6,93	595
Sémola	14	41	1	91
Tapioca	9,2	2	0,51	20
Tarta de manzana	6,9	0	0,3	22
LEGUMBRES				
Garbanzos cocidos	35,5	36,2	2	96,3
Guisantes cocidos	18	21,4	1,6	83,8
Habas cocidas	103	33,3	1,07	86,5
Judías blancas cocidas	87	45,3	1,6	110
Judías rojas cocidas	43	65	1,7	97
Lentejas cocidas	18,5	16,6	2,2	95
TUBÉRCULOS Y HORTALIZAS				
Acelgas cocidas	0	0	0	0
Ajo	10	0	2	140
Alcachofa cocida	43,5	27,2	0,49	39,7
Apio crudo	52,2	18	0,51	39

ALIMENTO	CALCIO	MAGNESIO	HIERRO	FÓSFORO
	(Miligramos por 100 gramos de alimento)			
Apio cocido	43	8,6	0,35	22
Boniato cocido	27	12,3	0,65	47,1
Berenjena cocida	8,3	6,4	0,18	6,3
Berros crudos	192	24	2,9	49
Brécol cocido	90	0	1,1	3,4
Calabaza cocida	16,2	4,3	0,31	18,7
Calabacín cocido	21,4	3,9	0,17	18,6
Cardo cocido	73	42	1,8	57
Cebolla cruda	31,2	9,3	0,4	42
Cebolla cocida	24,4	4,9	0,25	19
Cebolla frita	61	14,8	0,59	59
Col cruda	61	14,8	0,9	36
Col cocida	58	7,3	0,47	16,4
Col de Bruselas	26	10,6	0,8	49
Coliflor cocida	61	5,7	0,53	36
Champiñón crudo	25	0	0	0
Escarola cruda	58	12	2,5	56
Espárragos cocidos	21	10,4	1	56
Espinacas cocidas	98	59,2	3	39
Judías verdes cocidas	38,6	10,1	1,2	17
Lechuga cruda	29	10,5	0,9	27
Lombarda cocida	29,3	10,7	0,21	21
Nabos cocidos	55	6,6	0,8	27
Patata cocida	6,1	15	0,48	32
Patata asada	12	32	0,9	59
Patata frita	16	43,3	1,2	82
Pepino crudo	18	9	0,3	22
Perejil crudo	240	52,2	5,3	92
Pimiento crudo	11	12	0,4	26
Pimiento cocido	8	0	0,8	16
Puerro cocido	60,5	12,5	2	27,5
Rábanos crudos	43	13	1,3	27
Remolacha cocida	27	16,9	0,7	29
Setas fritas	3,5	16	1,25	166
Tomate crudo	11,5	13	0,5	24
Tomate cocido	11	12	0,6	22
Tomate frito	36	12,4	0,56	23
Tomate jugo	7	10	0,4	15
Zanahoria cruda	44	15	0,8	34
Zanahoria cocida	32	7,6	0,6	24

FRUTOS SECOS

Albaricoque seco	88	65,2	4,6	118
Almendras	250	252	4,3	453

ALIMENTO	CALCIO	MAGNESIO	HIERRO	FÓSFORO
	(Miligramos por 100 gramos de alimento)			
Avellanas	240	99	3,8	317
Cacahuete tostado	62	171	2,3	382
Cacao en polvo	135	420	2,7	709
Higos secos	212	86	3,4	91,5
Castaña seca	98	138	3,9	230
Ciruela pasa	52	31	3,2	78
Coco fresco	16	45	4,1	110
Dátiles secos	66	58	1,6	59
Melocotones secos	42	54,1	6,75	124
Nueces	81	185	2,9	410
Piñones	0	0	0	0
Uvas pasas	61	36	3	105
LECHE Y DERIVADOS				
Helado	138	58	0,1	115
Leche de vaca	120	14,5	0,1	95
Leche de vaca desnatada	120,5	14,5	0,1	93
Leche condensada (con azúcar)	285	36	0,2	238
Leche pasteurizada desnatada	1.290	111	0,55	1.030
Leche en polvo	965	112	0,6	745
Mantequilla	24	4,6	0,2	20
Nata fresca	76	9,3	3,3	32
Queso Burgos	0	0	0	0
Queso Cabrales	0	0	0	0
Queso Enmental	900	52,6	0,9	758
Queso Gruyère	1.000	45	0,8	710
Queso Manchego	0	0	0	0
Queso Roquefort	750	0	1	0
Requesón Miraflores	300	0	0	0
Yogur	145	0	0	123
HUEVOS				
Huevo entero crudo	56	14	2,1	190
Clara huevo cruda	8,8	11,5	0,15	19
Yema huevo cruda	142	16,3	5,9	495
Huevo frito	81	13,9	2,3	230
Huevo cocido	54	12,3	2,5	209
Huevo revuelto	66	12	2	180
Tortilla, 1 huevo	39	8,4	1,63	143
AZÚCAR Y DULCES				
Azúcar blanco	0	0	0	0
Azúcar moreno	80	0	2,8	38

ALIMENTO	CALCIO	MAGNESIO	HIERRO	FÓSFORO
	(Miligramos por 100 gramos de alimento)			
Caramelos	121	2	2,1	82
Confituras	16	0	0,4	11,1
Chocolate amargo	98	0	5,1	411
Chocolate con leche	170	58,9	1,3	310
Miel de abeja	5	6	0,9	16
PESCADOS				
Almejas cocidas	197	25	13,5	331
Ancas de rana fritas	0	0	0	0
Anchoas en conserva	18	0	0	340
Anguila cocida	14,4	14,8	1	200
Atún en conserva	21	0	1,6	325
Bacalao frito	49,6	26,8	1,2	223
Calamar frito	343	39,1	2,8	321
Centollo cocido	29,4	47,9	1,3	350
Congrio frito	24,2	29,4	1	247
Dorada cocida	23	29	0,6	251
Gallo cocido	36	30,3	0,7	242
Gallo frito	41,6	32,3	0,79	234
Gambas cocidas	320	105	1,8	270
Langosta cocida	58	34,3	0,7	224
Langostino cocido	0	0	0	0
Lenguado frito	93	25	1,1	232
Lubina cocida	46,9	26,9	0,7	220
Mejillón cocido	197	25	13,5	331
Merluza cocida	15,9	26,7	0,6	218
Merluza frita	19,6	28	0,8	218
Mero cocido	15,3	31	0,7	230
Ostras frescas	91	40,5	6,2	172
Percas cocidas	32	28	0,9	232
Percebes cocidos	101	0	0	0
Pescadilla cocida	42	28,3	1	189
Pescadilla frita	47,7	32,5	0,7	258
Platija frita	95	22	1,1	241
Rape cocido	21,3	20,9	0,3	189
Raya frita	19,4	23,2	1,2	238
Rodaballo cocido	14,3	28,7	0,6	210
Salmón conserva	66,4	29,8	1,3	285
Salmonete frito	24	31,2	0,8	276
Sardina frita	51	45,8	4,5	635
Sardina conserva	95	41,3	4	382
Trucha frita	19	26,3	1,2	274
Vieira fresca	78	0	0	315

ALIMENTO	CALCIO	MAGNESIO	HIERRO	FÓSFORO
	(Miligramos por 100 gramos de alimento)			
CARNES - CERDO				
Costillas semigrasas fritas	7,8	12,3	1,8	163
Hígado frito	13,5	0	20,1	391
Jamón cocido	12,7	17,4	2,5	192
Jamón salado	11,2	15,7	2,3	164
Lomo frito graso	7,1	20,3	1,9	180
Lomo asado graso	9,8	20	3,3	211
Lomo asado magro	5,3	24,3	3,5	225
Lomo estofado magro	7,2	21,3	2,6	188
Lomo frito magro	7,3	112	2,8	195
Manteca de cerdo	0,7	0,8	1,1	0,21
Pierna asada	5,2	22,6	1,7	363
CORDERO				
Corazón asado	0	0	0	0
Costillas grasas estofadas	13,5	19,8	2,8	195
Costillas grasas asadas	13,2	19,1	2,3	185
Costillas magras estofadas	20,9	30	2,5	239
Costillas magras asadas	22,1	31,6	2,8	247
Costillas magras fritas	11,3	23	3,1	224
Cuello estofado	50	26,6	6,8	220
Hígado cocido	10,5	0	13	410
Lengua estofada	11,4	13,2	3,4	196
Pierna asada	8,3	18	3,1	223
Riñón frito	16,6	6,7	14,5	433
Sesos cocidos	10,8	17,8	2,2	339
TERNERA				
Callos cocidos	12,4	7,9	1,6	132
Costillas fritas	11,5	21,5	2,8	283
Filete asado	14,3	27,6	2,5	355
Hígado cocido	19	20,1	12	350
Hígado frito	9,3	23,8	19	480
Lengua estofada	16	12	2,5	172
Riñón cocido	10,4	16,4	8,3	192
Riñón frito	10,4	14,2	12,2	203
Sesos cocidos	13	13,3	2	340
Solomillo asado	12,1	30	3,3	252
Solomillo frito	7,9	31	2,06	265
VACA				
Bistec frito	5,2	24,8	6	257
Hígado frito	8,8	23	9,8	512
Lengua cocida	21	26,2	3	206

ALIMENTO	CALCIO	MAGNESIO	HIERRO	FÓSFORO
	(Miligramos por 100 gramos de alimento)			
Sesos cocidos	16	13,3	1,5	355
Solomillo asado	9	23	2,8	210
Solomillo frito	8	24,8	4,7	222
EMBUTIDOS				
Butifarra fresca	10	0	0	0
Chorizo natural	0	0	0	0
Chorizo frito	0	0	0	0
Morcilla cocida	22	18,1	12	92
Morcilla frita	28	17,6	24,9	28,1
Salchicha cocida	14	12,1	2,6	123
Salchicha frita	15	14,9	2,8	161
Salchicha Fráncfort	6	0	1,2	50
Salchichón	10	0	3,6	260
AVES				
Capón asado	18,1	24,4	3,3	295
Codorniz estofada	0	0	0	0
Faisán estofado	46,2	33,1	7,8	294
Faisán asado	49,3	35	8,4	308
Gallina asada	14	0	1,3	240
Ganso asado	10,4	30,8	4,6	267
Hígado de pollo cocido	20	0	8	297
Palometa estofada	17,6	31,2	9,8	352
Paloma asada	16,3	36,8	19,4	404
Pato asado	19	23,9	5,8	231
Pavo asado	38,3	28,2	4,6	360
Perdiz asada	45,8	36	7,7	303
Perdiz estofada	51,3	37,1	8,1	316
Pollo cocido	12	26,4	1,9	187
Pollo asado	14,7	23	2,3	260
CAZA				
Ciervo asado	26	33,4	4,9	276
Conejo asado	10,9	21,2	1,9	190
Conejo estofado	11,3	21,7	2	200
Corzo asado	19,1	26,4	7,3	274
Jabalí asado	0	0	0	0
Liebre asada	28,2	30	9,8	337
Liebre estofada	20,7	22,2	10,8	248

Reproducimos el texto original de la revista *NPQ*, correspondiente al mes de abril de 1990, con las sustancias carcinógenas que quieren que se tengan en cuenta como riesgos laborales por su manipulación.

CARCINÓGENOS QUÍMICOS

Domènec Turuguet

1. INTRODUCCIÓN

De las muchas sustancias que se pueden presentar en el medio de trabajo de la industria química o que se emplean en los laboratorios químicos, hay algunas que se ha comprobado pueden ocasionar cáncer. Son estas las que llamamos carcinógenos químicos.

¿Qué es un carcinógeno químico? Aquella sustancia que, a causa de su exposición continuada o nada más durante un cierto periodo, puede producir en las personas expuestas la aparición de un cáncer raro o bien de un número significativamente más grande de cánceres comunes.

Desde los trabajos de Sir Alexander Pott sobre los cánceres de escroto en los deshollinadores de Londres durante el siglo XVIII se ha descrito una gran cantidad de otras sustancias con estas propiedades no deseables.

¿Cómo se sabe que una sustancia es carcinógena?

En primer lugar, mediante estudios epidemiológicos, los cuales hacen una comparación entre personas expuestas al agente sospechoso y grupos de personas de las mismas características de edad y sexo, pero no expuestas, comprobando que la incidencia de cánceres entre las primeras es significativamente superior (estadísticamente) a la de las segundas.

También, los estudios con animales (ratas, ratones, etc.) dan resultados, cuando el número de animales empleados es suficiente, que pueden confirmar la carcinogenicidad de determinados compuestos ensayados, aunque hay dudas sobre la extrapolación de los resultados animales al hombre. De todas maneras, la IARC (International Agency for Research on Cancer) con, según su opinión, buen criterio, considera que cuando una sustancia se ha mostrado carcinógena con animales de experimentación, se ha de tratar como si también lo fuera para seres humanos.

2. SUSTANCIAS CARCINÓGENAS

Hoy día se sabe que hay unas cuantas sustancias que, con toda certeza, pueden producir cáncer en el hombre. Son estas las clasificadas en el Grupo 1 de la IARC, junto con ciertas ocupaciones, de las cuales no se sabe con certeza quién es el agente causal. Creo, vale la pena, que los tabulemos a continuación:

CARCINÓGENOS HUMANOS PROBADOS

- Aflatoxinas.
- Amianto.
- 4-Aminodifenilo.
- Analgésicos, mezclas que contienen fenacetina.
- Anticonceptivos orales combinados (existe también la certeza que producen efecto protector contra cánceres de ovario y endometrio).
- Anticonceptivos orales secuenciales.
- Arsénico y sus compuestos.
- Benceno.
- Bencidina.
- Betel masticado con tabaco.
- Bis (2-cloroetil)-2-naftilamina (Clornafazina).
- Bis (clorometil)-éter y Clorometil-metil-éter.
- Ciclofosfamida.
- Clorambucilo.
- 1-(2-Coroetil)-3-(4-metilciclohexil)-1-nitrosourea (Metil-CCNU).
- Cloruro de vinilo.
- Cromo hexavalente (principalmente cromados insolubles).

- Dietilestilbestrol.
- Dimetansulfanato de 1,4-butanodiol (Myleran).
- Erionita.
- Estrógenos, terapia de sustitución.
- Estrógenos esteroidales.
- Fabricación de muebles.
- Fabricación y curtientes de zapatos.
- Fabricación de auramina y magenta.
- Fundición de hierro y acero.
- Gas mostaza (Mostaza de azufre)
- Gasificación de carbón.
- Hollín.
- Industria del caucho.
- Melphalan.
- -8-Metoxipsoralen (Methoxsalen) más radiación ultravioleta.
- Minería subterránea de hematites con exposición al radón.
- MOPP (terápia combinada con mostaza nitrogenada, vincristina, procarbacina y prednisona con otros agentes quimioterapéuticos combinados con agentes alquilantes).
- 2-Naftilamina (ß-Naftilamina).
- Níquel y compuestos de níquel (principalmente el subsulfuro de níquel).
- Aceites de esquistos.
- Aceites minerales sin tratar o poco tratados.
- Producción de coque.
- Alquitrán.
- Tabaco, fumadores y productos con humo.
- Talco que contenga fibras asbestiformes.
- Treosulfan.

En esta lista vemos que hay una serie de sustancias que solo se usan en terapéutica, pero también hay de un amplio uso en la industria química, por ejemplo, benceno, cloruro de vinilo, cromados, níquel y compuestos, por citar solo algunos.

Para todas estas sustancias hay certeza epidemiológica de cáncer humano.

El siguiente grupo que considera la IARC es el de sustancias probablemente carcinógenas para el hombre, donde los estudios epidemiológicos no son completamente significativos, aunque sí lo son los resultados de las experiencias con animales.

También dentro de este grupo hay fármacos o sustancias empleadas con una pequeña cantidad, y es por esto por lo que solo citamos a continuación las que tienen importancia química:

PROBABLES CARCINÓGENOS HUMANOS
(Nada más los de importancia química)

- Acrilonitrilo.
- Berilio y su compuestos.
- Bromuro de vinilo.
- Cadmio y sus compuestos.
- Cloruro de metilcarbamoil.
- Colorantes derivados de la benzidina.
- Creosotas.
- Dibromuro de etileno.
- Difenil policlorados.
- Epiclorhidrina.

- Formaldehído.
- 4,4-Metilenbis (2-cloroanilina) (MOCA).
- N-Nitrosodimetilamina.
- Óxido de etileno.
- Óxido de propileno.
- Silicio criatalina.
- Sulfato de dietilo.
- Sulfato de dimetilo.
- Tris (Fosfato de tris (2,3-dibromopropil).

Finalmente, hay el Grupo 2 B donde se encuentran clasificadas muchas sustancias que posiblemente son carcinógenas para el hombre, pero de momento no existen hechos que lo puedan afirmar de manera cierta.

Es dentro de este grupo donde se encuentran la mayoría de sustancias que se emplean en la industria química. A continuación se citan las más importantes, bien por su frecuencia de uso o por su cantidad.

POSIBLES CARCINÓGENOS HUMANOS
(Nada más los de interés químico)

- Acetaldehído.
- Acetamida.
- Acrilamida.
- Acrilato de etilo.
- p-Aminoazobenceno.
- Amitrol (Herbicida).
- o-Anisidina.

- Betunes.
- 1,3,-Butadieno.
- Clordecone (Kepone).
- Clorofenoles.
- Clorofenoxiherbicidas.
- Cloroformo.
- p-Cloro-o-toluidina.
- 1,2-Dibromo-3-cloropropano.
- 0-Diclorobenceno.
- Diclorometano.
- Difenil polibromados.
- o-Tolidina (3,3-Dimetilbenzidina).
- 1,4-Dioxano.
- Estireno.
- Gliceraldehído.
- Hexaclorobenceno.
- Hexaclorohexano.
- Hidracina.
- Negro de carbón, extractos de.
- Nitrosoamines (en general).
- ß-Propiolactona.
- Tetracloroetileno.
- Tioacetamida.
- Tiourea.
- Toluendiisocianados.
- o-Toluidina.
- Uretano.

Los criterios seguidos para la IARC en las clasificaciones referidas son los siguientes, en parte ya comentados:

Para todos los compuestos o actividades que pertenecen al grupo I hay certeza suficiente de carcinogenicidad para el hombre; en el grupo 2 A hay certeza limitada de carcinogenicidad para los seres humanos y evidencia suficiente en animales; para los compuestos del grupo 2 B hay evidencia limitada para el hombre o bien no hay datos, pero existe certeza suficiente o limitada en animales. A veces los datos experimentales a corto plazo, de los cuales Alicia Huici nos habla en esta edición de *NPQ*, pueden hacer que una sustancia pase de un grupo a otro...

De la revista *Información Terapéutica* del Sistema Nacional de Salud, vol. 16, número 2, de 1992, entresacamos párrafos que considero es muy interesante los lean aquellas mujeres a las que, para evitar o mejorar la osteoporosis, se les propone un «tratamiento de la menopausia».

- THS significa terapia hormonal sustitutiva.
- Hiperplasia, que es una palabra que encontrarán, significa «multiplicación anormal de los elementos de los tejidos», es decir, cáncer.

... Los estudios epidemiológicos aseguran que el riesgo de cáncer de endometrio aumenta de 2 a 3 veces tras la utilización de estrógeno, exógenos. Este riesgo, además, se incrementa con la duración del tratamiento y la dosis estrogénica utilizada...

... La prudencia aconseja realizar un estudio de mama a toda mujer que vaya a ser sometida a la misma...

... En otro gran número de enfermedades hasta hace poco tiempo consideradas, cuanto menos, contraindicaciones relativas, como son determinadas alteraciones lipídicas, diabetes, hipertensión severa, antecedentes de infarto de miocardio, obesidad importante, fumadoras, miomas, etc., se tendrá en cuenta el binomio riesgo-beneficio y siempre se adoptará el tratamiento más apropiado y la vía de administración precisa.

TABLA II

CONTRAINDICACIONES DE LA TERAPIA HORMONAL SUSTITUTIVA

1. SOSPECHA O EXISTENCIA DE TUMORES ESTRÓGENO-DEPENDIENTES.
2. ENFERMEDAD AGUDA O CRÓNICA SEVERA DE HÍGADO.
3. HISTORIA DE ICTERICIA IDIOPÁTICA DEL EMBARAZO O PRURITO.
4. PORFIRIA.
5. TROMBOEMBOLISMO RECIENTE.

...

SEGUIMIENTO DE LA THS

Será obligatorio evaluar y estudiar a la paciente antes de que inicie la THS. Para ello, habrá que realizar un examen físico completo, con una histo-

ria médica y familiar. Se prestará especial atención a la presión sanguínea, al peso, a las cifras de
colesterol total, transaminasas y urea, así como a
los resultados del examen pélvico addominal y de
mama, y de la citología vaginal. Es aconsejable
también una mamografía basal antes del tratamiento para el examen de un cáncer subclínico
existente.

Mucho se ha escrito sobre otras pruebas, pero
estarían recomendadas en pacientes problemáti-
cos en el momento en que se quiera completar
resultados dudosos de las pruebas citadas. De este
modo, un examen histológico del endometrio se
indicará si hay alguna duda sobre posible patolo-
gía en él.

La paciente recibirá información completa sobre los riesgos y complicaciones de la THS

Iniciado el tratamiento, se tomará cada seis
meses la tensión arterial y se hará un examen pélvico y de mamas, y se registrarán las incidencias
especiales. Anualmente se repetirán las pruebas
iniciales de la THS, si bien la mamografía, dependiendo de los casos, podrá hacerse cada dos años.
Solo en caso de manchado irregular se practicará
una ecografía, y en las pacientes en que se detecte
un endometrio con un espesor mayor de 5 milíme-
tros, un estudio histológico del mismo tras toma
endometrial. En pacientes con útero y toma de
estrógenos solos, este estudio histológico deberá
hacerse anualmente...

En la misma dirección de lo expresado en páginas anteriores, les reproduzco una página de la revista *Madrid Médico*.

Como anteriormente indicamos, THS significa «terapia hormonal sustitutiva».

LA ADMINISTRACIÓN CÍCLICA DE ESTRÓGENOS CON LA ADICIÓN DE GESTÁGENOS REDUCE EL RIESGO DE DESARROLLAR UN CÁNCER ESTRÓGENO DEPENDIENTE

Tratamiento hormonal sustitutivo

¿En qué consiste el estudio que se debe realizar antes de administrar este tipo de tratamientos hormonales a las pacientes?

Previamente a la administración del THS es importante realizar un estudio analítico, en el que se incluya un perfil lipídico, hepático y de coagulación (antitrombina III), así como conocer la situación hormonal de la paciente durante la menopausia, y efectuar análisis de hidroxiprolina-creatinina, calcio/creatinina, calcemia, osteocalcina, fosfatasa alcalina, y otros marcadores que indiquen la velocidad de la pérdida de masa ósea, que es la técnica de mayor precisión actual para la medida de la masa ósea. También es necesario efectuar un estudio de mama y endometrio, así como los controles genitales pertinentes. Una vez realizado este estudio, y si la paciente no presenta contraindicaciones, será susceptible de un tratamiento hormonal sustitutivo, siempre individualizado para cada mujer.

¿Cuáles son las que contraindican la administración de un tratamiento hormonal sustitutivo?

Las contraindicaciones pueden ser absolutas o relativas.

Dentro de la primera están padecer tumores estrógeno-dependientes, tendencia o antecedentes de tromboembolias, hepatopatías graves, porfiria y melanomas malignos. Las contraindicaciones relativas son obesidad grave, hiperlipidemias importantes o familiares, diabetes graves, hipertensión arterial importante, cardiopatías y nefropatías.

Bioquímicas consultadas:

- LEHNINGER.
- STRYER.
- MONTGOMERY - DRYER.
- JUNGERMAN MÖLLER.
- METZLER.
- HARPER.
- *Las hormonas*, de CLARK T. SAWIN.

Si desea contactar con la autora, puede llamar al teléfono 93 200 49 10.

O escribir a la siguiente dirección:

C/ Aribau, 322, 1.º 4.ª

08006 BARCELONA